心一堂術數古籍珍本叢刊

書名：《沈氏玄空挨星圖》《沈註章仲山宅斷未定稿》《沈氏玄空學（四卷原本）》
合刊（上）
系列：心一堂術數古籍珍本叢刊　堪輿類　第二輯　219
作者：【清】沈竹礽、【民國】江志伊等
主編、責任編輯：陳劍聰
心一堂術數古籍珍本叢刊編校小組：陳劍聰　素聞　鄒偉才　虛白盧主

出版：心一堂有限公司
通訊地址：香港九龍旺角彌敦道六一〇號荷李活商業中心十八樓〇五—〇六室
深港讀者服務中心・中國深圳市羅湖區立新路六號羅湖商業大廈負一層〇〇八室
電話號碼：(852)67150840
網址：publish.sunyata.cc
電郵：sunyatabook@gmail.com
網店：http://book.sunyata.cc
淘寶店地址：https://shop210782774.taobao.com
微店地址：https://weidian.com/s/1212826297
臉書：https://www.facebook.com/sunyatabook
讀者論壇：http://bbs.sunyata.cc/

版次：二零一八年十一月初版
平裝：三冊不分售

定價：港幣　九百八十八元正
新台幣　三千八百八十元正

國際書號：ISBN 978-988-8582-06-8

香港發行：香港聯合書刊物流有限公司
地址：香港新界大埔汀麗路36號中華商務印刷大厦3樓
電話號碼：(852)2150-2100
傳真號碼：(852)2407-3062
電郵：info@suplogistics.com.hk

台灣發行：秀威資訊科技股份有限公司
地址：台灣台北市內湖區瑞光路七十六巷六十五號一樓
電話號碼：+886-2-2796-3638
傳真號碼：+886-2-2796-1377
網絡書店：www.bodbooks.com.tw
台灣國家書店讀者服務中心：
地址：台灣台北市中山區松江路二〇九號一樓
電話號碼：+886-2-2518-0207
傳真號碼：+886-2-2518-0778
網絡書店：http://www.govbooks.com.tw

中國大陸發行　零售：深圳心一堂文化傳播有限公司
深圳地址：深圳市羅湖區立新路六號羅湖商業大厦負一層〇〇八室
電話號碼：(86)0755-82224934

心一堂微店二維碼

心一堂淘寶店二維碼

心一堂術數古籍 珍本 整理 叢刊 總序

術數定義

術數，大概可謂以「推算（推演）、預測人（個人、群體、國家等）、事、物、自然現象、時間、空間方位等規律及氣數，並或通過種種『方術』，從而達致趨吉避凶或某種特定目的」之知識體系和方法。

術數類別

我國術數的內容類別，歷代不盡相同，例如《漢書・藝文志》中載，漢代術數有六類：天文、曆譜、五行、蓍龜、雜占、形法。至清代《四庫全書》，術數類則有：數學、占候、相宅相墓、占卜、命書、相書、陰陽五行、雜技術等，其他如《後漢書・方術部》、《藝文類聚・方術部》、《太平御覽・方術部》等，對於術數的分類，皆有差異。古代多把天文、曆譜、及部分數學均歸入術數類，而民間流行亦視傳統醫學作為術數的一環；此外，有些術數與宗教中的方術亦往往難以分開。現代民間則常將各種術數歸納為五大類別：命、卜、相、醫、山，通稱「五術」。

本叢刊在《四庫全書》的分類基礎上，將術數分為九大類別：占筮、星命、相術、堪輿、選擇、三式、讖諱、理數（陰陽五行）、雜術（其他）。而未收天文、曆譜、算術、宗教方術、醫學。

術數思想與發展——從術到學，乃至合道

我國術數是由上古的占星、卜筮、形法等術發展下來的。其中卜筮之術，是歷經夏商周三代而通過「龜卜、蓍筮」得出卜（筮）辭的一種預測（吉凶成敗）術，之後歸納並結集成書，此即現傳之《易

經》。經過春秋戰國至秦漢之際，受到當時諸子百家的影響、儒家的推崇，遂有《易傳》等的出現，原本是卜筮術書的《易經》，被提升及解讀成有包涵「天地之道（理）」之學。因此，《易．繫辭傳》曰：「易與天地準，故能彌綸天地之道。」

漢代以後，易學中的陰陽學說，與五行、九宮、干支、氣運、災變、律曆、卦氣、讖緯、天人感應說等相結合，形成易學中象數系統。而其他原與《易經》本來沒有關係的術數，如占星、形法、選擇，亦漸漸以易理（象數學說）為依歸。《四庫全書．易類小序》云：「術數之興，多在秦漢以後。要其旨，不出乎陰陽五行，生尅制化。實皆《易》之支派，傳以雜說耳。」至此，術數可謂已由「術」發展成「學」。

及至宋代，術數理論與理學中的河圖洛書、太極圖、邵雍先天之學及皇極經世等學說給合，通過術數以演繹理學中「天地中有一太極，萬物中各有一太極」（《朱子語類》）的思想。術數理論不單已發展至十分成熟，而且也從其學理中衍生一些新的方法或理論，如《梅花易數》、《河洛理數》等。

在傳統上，術數功能往往不止於僅僅作為趨吉避凶的方術，及「能彌綸天地之道」的學問，亦有其「修心養性」的功能，「與道合一」（修道）的內涵。《素問．上古天真論》：「上古之人，其知道者，法於陰陽，和於術數。」數之意義，不單是外在的算數、歷數、氣數，而是與理學中同等的「道」、「理」--心性的功能，北宋理氣家邵雍對此多有發揮：「聖人之心，是亦數也」、「萬化萬事生乎心」、「心為太極」。《觀物外篇》：「先天之學，心法也。……蓋天地萬物之理，盡在其中矣，心一而不分，則能應萬物。」反過來說，宋代的術數理論，受到當時理學、佛道及宋易影響，認為心性本質上是等同天地之太極。天地萬物氣數規律，能通過內觀自心而有所感知，即是內心也已具備有術數的推演及預測、感知能力；相傳是邵雍所創之《梅花易數》，便是在這樣的背景下誕生。

《易．文言傳》已有「積善之家，必有餘慶；積不善之家，必有餘殃」之說，至漢代流行的災變說及讖緯說，我國數千年來都認為天災，異常天象（自然現象），皆與一國或一地的施政者失德有關；下至家族、個人之盛衰，也都與一族一人之德行修養有關。因此，我國術數中除了吉凶盛衰理數之外，人心的德行修養，也是趨吉避凶的一個關鍵因素。

術數與宗教、修道

在這種思想之下，我國術數不單只是附屬於巫術或宗教行為的方術，又往往是一種宗教的修煉手段--通過術數，以知陰陽，乃至合陰陽（道）。「其知道者，法於陰陽，和於術數。」例如，「奇門遁甲」術中，即分為「術奇門」與「法奇門」兩大類。「法奇門」中有大量道教中符籙、手印、存想、內煉的內容，是道教內丹外法的一種重要外法修煉體系。甚至在雷法一系的修煉上，亦大量應用了術數內容。此外，相術、堪輿術中也有修煉望氣（氣的形狀、顏色）的方法；堪輿家除了選擇陰陽宅之吉凶外，也有道教中選擇適合修道環境（法、財、侶、地中的地）的方法，以至通過堪輿術觀察天地山川陰陽之氣，亦成為領悟陰陽金丹大道的一途。

易學體系以外的術數與的少數民族的術數

我國術數中，也有不用或不全用易理作為其理論依據的，如揚雄的《太玄》、司馬光的《潛虛》。也有一些占卜法、雜術不屬於《易經》系統，不過對後世影響較少而已。

外來宗教及少數民族中也有不少雖受漢文化影響（如陰陽、五行、二十八宿等學說。）但仍自成系統的術數，如古代的西夏、突厥、吐魯番等占卜及星占術，藏族中有多種藏傳佛教占卜術、苯教占卜術、擇吉術、推命術、相術等；北方少數民族有薩滿教占卜術；不少少數民族如水族、白族、布朗族、佤族、彝族、苗族等，皆有占雞（卦）草卜、雞蛋卜等術，納西族的占星術、占卜術，彝族畢摩的推命術、占卜術……等等，都是屬於《易經》體系以外的術數。相對上，外國傳入的術數以及其理論，對我國術數影響更大。

曆法、推步術與外來術數的影響

我國的術數與曆法的關係非常緊密。早期的術數中，很多是利用星宿或星宿組合的位置（如某星在某州或某宮某度）付予某種吉凶意義，并據之以推演，例如歲星（木星）、月將（某月太陽所躔之宮次）等。不過，由於不同的古代曆法推步的誤差及歲差的問題，若干年後，其術數所用之星辰的位置，已與真實星辰的位置不一樣了；此如歲星（木星），早期的曆法及術數以十二年為一周期（以應地支），與木星真實周期十一點八六年，每幾十年便錯一宮。後來術家又設一「太歲」的假想星體來解決，是歲星運行的相反，週期亦剛好是十二年。而術數中的神煞，很多即是根據太歲的位置而定。又如六壬術中的「月將」，原是立春節氣後太陽躔娵訾之次而稱作「登明亥將」，至宋代，因歲差的關係，要到雨水節氣後太陽才躔娵訾之次，當時沈括提出了修正，但明清時六壬術中「月將」仍然沿用宋代沈括修正的起法沒有再修正。

由於以真實星象周期的推步術是非常繁複，而且古代星象推步術本身亦有不少誤差，大多數術數除依曆書保留了太陽（節氣）、太陰（月相）的簡單宮次計算外，漸漸形成根據干支、日月等的各自起例，以起出其他具有不同含義的眾多假想星象及神煞系統。唐宋以後，我國絕大部分術數都主要沿用這一系統，也出現了不少完全脫離真實星象的術數，如《子平術》、《紫微斗數》、《鐵版神數》等。後來就連一些利用真實星辰位置的術數，如《七政四餘術》及選擇法中的《天星選擇》，也已與假想星象及神煞混合而使用了。

隨着古代外國曆（推步）、術數的傳入，如唐代傳入的印度曆法及術數，元代傳入的回回曆等，其中我國占星術便吸收了印度占星術中羅睺星、計都星等而形成四餘星，又通過阿拉伯占星術而吸收了其中來自希臘、巴比倫占星術的黃道十二宮、四大（四元素）學說（地、水、火、風），並與我國傳統的二十八宿、五行說、神煞系統並存而形成《七政四餘術》。此外，一些術數中的北斗星名，不用我國傳統的星名：天樞、天璇、天璣、天權、玉衡、開陽、搖光，而是使用來自印度梵文所譯的：貪狼、巨門、祿存、文曲，廉貞、武曲、破軍等，此明顯是受到唐代從印度傳入的曆法及占星術所影響。如星命術中的《紫微斗數》及堪輿術中的《撼龍經》等文獻中，其星皆用印度譯名。及至清初《時憲曆》，置閏之法則改用西法「定氣」。清代以後的術數，又作過不少的調整。

此外，我國相術中的面相術、手相術，唐宋之際受印度相術影響頗大，至民國初年，又通過翻譯歐西、日本的相術書籍而大量吸收歐西相術的內容，形成了現代我國坊間流行的新式相術。

陰陽學——術數在古代、官方管理及外國的影響

術數在古代社會中一直扮演着一個非常重要的角色，影響層面不單只是某一階層、某一職業、某一年齡的人，而是上自帝王，下至普通百姓，從出生到死亡，不論是生活上的小事如洗髮、出行等，大事如建房、入伙、出兵等，從個人、家族以至國家，從天文、氣象、地理到人事、軍事，從民俗、學術到宗教，都離不開術數的應用。我國最晚在唐代開始，已把以上術數之學，稱作陰陽（學），行術數者稱陰陽人。（敦煌文書、斯四三二七唐《師師漫語話》：「以下說陰陽人謾語話」，此說法後來傳入日本，今日本人稱行術數者為「陰陽師」）。一直到了清末，欽天監中負責陰陽術數的官員中，以及民間術數之士，仍名陰陽生。

古代政府的中欽天監（司天監），除了負責天文、曆法、輿地之外，亦精通其他如星占、選擇、堪輿等術數，除在皇室人員及朝庭中應用外，也定期頒行日書、修定術數，使民間對於天文、日曆用事吉凶及使用其他術數時，有所依從。

我國古代政府對官方及民間陰陽學及陰陽官員，從其內容、人員的選拔、培訓、認證、考核、律法監管等，都有制度。至明清兩代，其制度更為完善、嚴格。

宋代官學之中，課程中已有陰陽學及其考試的內容。（宋徽宗崇寧三年〔一一零四年〕崇寧算學令：「諸學生習……並曆算、三式、天文書。」「諸試……三式即射覆及預占三日陰陽風雨。天文即預

定一月或一季分野災祥，並以依經備草合問為通。」

金代司天臺，從民間「草澤人」（即民間習術數人士）考試選拔：「其試之制，以《宣明曆》試推步，及《婚書》、《地理新書》試合婚、安葬，並《易》筮法，六壬課、三命、五星之術。」（《金史》卷五十一・志第三十二・選舉一）

元代為進一步加強官方陰陽學對民間的影響、管理、控制及培育，除沿襲宋代、金代在司天監掌管陰陽學及中央的官學陰陽學課程之外，更在地方上增設陰陽學課程（《元史・選舉志一》：「世祖至元二十八年夏六月始置諸路陰陽學。」）地方上也設陰陽學教授員，培育及管轄地方陰陽人。（《元史・選舉志一》：「（元仁宗）延祐初，令陰陽人依儒醫例，於路、府、州設教授員，凡陰陽人皆管轄之，而上屬於太史焉。」）自此，民間的陰陽術士（陰陽人），被納入官方的管轄之下。

至明清兩代，陰陽學制度更為完善。中央欽天監掌管陰陽學，明代地方縣設陰陽學正術，各州設陰陽學典術，各縣設陰陽學訓術。陰陽人從地方陰陽學肆業或被選拔出來後，再送到欽天監考試。（《大明會典》卷二二三：「凡天下府州縣舉到陰陽人堪任正術等官者，俱從吏部送（欽天監），考中，送回選用；不中者發回原籍為民，原保官吏治罪。」）清代大致沿用明制，凡陰陽術數之流，悉歸中央欽天監及地方陰陽官員管理、培訓、認證。至今尚有「紹興府陰陽印」、「東光縣陰陽學記」等明代銅印，及某某縣某某之清代陰陽執照等傳世。

清代欽天監漏刻科對官員要求甚為嚴格。《大清會典》「國子監」規定：「凡算學之教，設肄業生。滿洲十有二人，蒙古、漢軍各六人，於各旗官學內考取。漢十有二人，於舉人、貢監生童內考取。附學生二十四人，由欽天監選送。教以天文演算法諸書，五年學業有成，舉人引見以欽天監博士用，貢監生童以天文生補用。」學生在官學肄業、貢監生肄業或考得舉人後，經過了五年對天文、算法、陰陽學的學習，其中精通陰陽術數者，會送往漏刻科。而在欽天監供職的官員，《大清會典則例》「欽天監」規定：「本監官生三年考核一次，術業精通者，保題升用。不及者，停其升轉，再加學習。如能黽勉供職，即予開復。仍不及者，降職一等，再令學習三年，能習熟者，准予開復，仍不能者，黜退。」除定期考核以定其升用降職外，《大清律例》中對陰陽術士不準確的推斷（妄言禍福）是要治罪的。《大清律例·一七八·術七·妄言禍福》：「凡陰陽術士，不許於大小文武官員之家妄言禍福，違者杖一百。其依經推算星命卜課，不在禁限。」大小文武官員延請的陰陽術士，自然是以欽天監漏刻科官員或地方陰陽官員為主。

官方陰陽學制度也影響鄰國如朝鮮、日本、越南等地，一直到了民國時期，鄰國仍然沿用着我國的多種術數。而我國的漢族術數，在古代甚至影響遍及西夏、突厥、吐蕃、阿拉伯、印度、東南亞諸國。

術數研究

術數在我國古代社會雖然影響深遠，「是傳統中國理念中的一門科學，從傳統的陰陽、五行、九宮、八卦、河圖、洛書等觀念作大自然的研究。……傳統中國的天文學、數學、煉丹術等，要到上世紀中葉始受世界學者肯定。可是，術數還未受到應得的注意。術數在傳統中國科技史、思想史，文化史、社會史，甚至軍事史都有一定的影響。……更進一步了解術數，我們將更能了解中國歷史的全貌。」（何丙郁《術數、天文與醫學中國科技史的新視野》，香港城市大學中國文化中心。）

可是術數至今一直不受正統學界所重視，加上術家藏秘自珍，又揚言天機不可洩漏，「（術數）乃吾國科學與哲學融貫而成一種學說，數千年來傳衍嬗變，或隱或現，全賴一二有心人為之繼續維繫，賴以不絕，其中確有學術上研究之價值，非徒癡人說夢，荒誕不經之謂也。其所以至今不能在科學中成立一種地位者，實有數因。蓋古代士大夫階級目醫卜星相為九流之學，多恥道之；而發明諸大師又故為惝恍迷離之辭，以待後人探索；間有一二賢者有所發明，亦秘莫如深，既恐洩天地之秘，復恐譏為旁門左道，始終不肯公開研究，成立一有系統說明之書籍，貽之後世。故居今日而欲研究此種學術，實一極困難之事。」（民國徐樂吾《子平真詮評註》，方重審序）

現存的術數古籍，除極少數是唐、宋、元的版本外，絕大多數是明、清兩代的版本。其內容也主要是明、清兩代流行的術數，唐宋或以前的術數及其書籍，大部分均已失傳，只能從史料記載、出土文獻、敦煌遺書中稍窺一鱗半爪。

術數版本

坊間術數古籍版本，大多是晚清書坊之翻刻本及民國書賈之重排本，其中豕亥魚魯，或任意增刪，往往文意全非，以至不能卒讀。現今不論是術數愛好者，還是民俗、史學、社會、文化、版本等學術研究者，要想得一常見術數書籍的善本、原版，已經非常困難，更遑論如稿本、鈔本、孤本等珍稀版本。在文獻不足及缺乏善本的情況下，要想對術數的源流、理法、及其影響，作全面深入的研究，幾不可能。

有見及此，本叢刊編校小組經多年努力及多方協助，在海內外搜羅了二十世紀六十年代以前漢文為主的術數類善本、珍本、鈔本、孤本、稿本、批校本等數百種，精選出其中最佳版本，分別輯入兩個系列：

一、心一堂術數古籍珍本叢刊

二、心一堂術數古籍整理叢刊

前者以最新數碼（數位）技術清理、修復珍本原本的版面，更正明顯的錯訛，部分善本更以原色彩色精印，務求更勝原本。并以每百多種珍本、一百二十冊為一輯，分輯出版，以饗讀者。

後者延請、稿約有關專家、學者，以善本、珍本等作底本，參以其他版本，古籍進行審定、校勘、注釋，務求打造一最善版本，方便現代人閱讀、理解、研究等之用。

限於編校小組的水平，版本選擇及考證、文字修正、提要內容等方面，恐有疏漏及舛誤之處，懇請方家不吝指正。

心一堂術數古籍 珍本 整理 叢刊編校小組

二零零九年七月序

二零一四年九月第三次修訂

乾山巽向飛星遇五則為戊陽土而順行矣
如此人地兩元亦照此倒推
又挨星圖一卷每山每運逐一挨明所有旺
山旺向地運長短合十打刦城門訣反伏吟上
山下水主法均由先生地理叢說中玄錄列於各山
之前其飛星之生剋比和則錄自之華氏天心
正運俾學者了然心目庶免為庸術偽訣所惑
至於吉凶斷驗自有仲山宅斷與玄空古義在
神而明之存乎其人耳
歲在乙丑夏五月後學江志伊謹識

天元子山午向挨星圖　一運挨星六到山五到向
地運八十年　飛星山順向逆犯下水
五運獨旺　向比和山生入吉
三七運全局合十
一三六八運離宮打刦
城門五七九運不用一
四六八運坤巽吉二
運巽三運坤吉

向

五 六 九	一 一 五	三 八 七
四 六 八	六 五 一	八 三 三
九 二 四	二 九 六	七 四 二

山

二運 挨星柒到山陸到向
飛星山逆向順犯上山
向生入吉山比和吉

向

八五 一	三一 六	一三 八
九四 九	七六 二	五八 四
四九 五	二二 七	六七 三

山

叄運 挨星捌到山柒到向
飛星向逆山順犯下水
向比和吉山剋出凶

向

七八 二	三三 七	五一 九
六九 一	八七 三	一五 五
二四 六	四二 八	九六 四

山

子山午

四運挨星玖、到山捌到向
飛星山逆向順犯上山
向剋入山比和吉

一七/三	向 五三/八	三五/一
二六/二	九八/四	七一/六
六二/七	四四/九 山	八九/五

五運挨星一到山九到向
飛星山向均逆當旺
向生入山剋入吉

二一/四	向 六五/九	四三/二
三二/三	一九/五	八七/七
七六/八	五四/一 山	九八、/六

六運挨星二到山一到向
飛星山順向逆犯下水
向比和吉山生入吉

向

一二 五	六六 一	八四 三
九三 四	二一 六	四八 八
五七 九	七五 二	三九 七

山

柒運挨星三到山二到向
飛星山逆向順犯上山
向生玉凶山比和吉

向

四一 六	八六 二	六八 四
五九 五	三二 七	一四 九
九五 一	七七 三	二三 八

山

八運挨星四到山三到向

飛星山順向逆犯下水

向比和吉山剋出凶

三四七	向 八八三	一六五
二五六	四三八	六一一
七九二	九七四 山	五二九

玖運挨星五到山四到向

飛星山逆向順犯上山

向剋入山比和吉

六三八	向 一八四	八一六
七二七	五四九	三八二
二七三	九九五 山	四五一

天元午山子向挨星圖
地運一百年
五運獨旺
叁柒運全局合拾
式肆柒玖運坎宮打刦
城門壹叁伍運不用式
肆陸玖運乾艮吉
七運艮八運乾吉

壹運挨星伍到山六到向
飛星山逆向順犯上山
向生出凶山比和吉

午山子

	六五九	山 一一五	八三七
	七四八	九六一	三八三
三	二九四	九二六	四七二

二運挨星六到山七到向
飛星山順向逆犯下水
向比和吉山生尅凶

	山	
五 八 一	一 三 六	三 一 八
四 九 九	六 七 二	八 五 四
九 四 五	二 二 七	七 六 三
	向	

丙

三運挨星七到山八到向
飛星山逆向順犯上山
向尅入山比和吉

八 七 二	三 三 七	一 五 九
九 六 一	七 八 三	五 一 五
四 二 六	二 四 八	六 九 四
	向	

午山子

京四

四運挨星八到山九到向
飛星山順向逆犯下水
向比和吉山尅出凶

山

七 一 三	三 五 八	五 三 四
六 二 二	八 九 四	一 七 六
二 六 七	四 四 九	九 八 五

向

五運挨星九到山一到向
飛星山向均逆當旺
向尅出山生出凶

山

一 二 四	五 六 九	三 四 二
二 三 三	九 一 五	七 八 七
六 七 八	四 五 一	八 九 六

向

七

六運挨星一到山二到向
飛星山逆向順犯上山
向生出凶山比和吉

七運挨星二到山三到向
飛星山順向逆犯下水
山生入向比和吉

	山	
二 一 五	六 六 一	四 八 三
三 九 四	一 二 六	八 四 八
七 五 九	五 七 二	九 三 七
	向	

	山	
一 四 六	六 八 二	八 六 四
九 五 五	二 三 七	四 一 九
五 九 一	七 七 三	三 二 八
	向	

午山子

七
五

八運挨星三到山四到向

飛星山逆向順犯上山

山比和吉向尅入吉

	山	
三 四 七	八 八 三	一 六 五
二 五 六	四 三 八	六 一 一
七 九 二	九 七 四	五 二 九
	向	

九運挨星四到山五到向

飛星山順向逆犯下水

山尅出凶向比和吉

	山	
六 三 八	一 八 四	八 一 六
七 八 七	五 四 九	三 六 二
二 七 三	九 九 五	四 五 一
	向	

天元卯山酉向挨星圖

地運四十年

三五七運當旺

一八運坎宮打刦

城門五七運不用四

六八運乾坤吉一三

運坤吉二九運乾吉

一運挨星八到山三到向

飛星山順向逆犯下水

向比和山生入吉

向

	七 四 九	三 八 五	五 六 七
山	六 五 八	八 三 一	一 一 三
	二 九 四	四 七 六	九 二 二

卯山酉

二運挨星九到山四到向
飛星山逆向順犯上山
山向均比和吉

	一三 一	五八 六	三一 八	
山	二二 九	九四 二	七六 四	向
	六七 五	四九 七	八五 三	

三運挨星一到山五到向
飛星山向均逆當旺
山向均尅入吉

	二六 二	六一 七	四八 九	
山	三七 一	一五 三	八三 五	向
	七二 六	五八 八	九四 四	

肆運挨星二到山陸到向
飛星山向均順犯上山
下水向魁出凶
山生入吉

一五 三	六一 八	八三 一	
九四 二	二六 四	四八 六	向
五九 七	七二 九	三七 五	

山

卯山酉

伍運挨星叁到山七到向
飛星山向均逆當旺
向魁入山生入吉

四八 四	八三 九	六一 二	
五九 三	三七 五	一五 七	向
九四 八	七二 一	二六 六	

山

七

六運挨星肆到山捌到向

飛星山向均順犯上山

下水山向均生出凶

	三七 五	八三 一	一五 三	
山	二六 四	四八 六	六一 八	向
	七二 九	九四 二	五九 七	

七運挨星五到山九到向

飛星山向均逆當旺

向尅入山生入吉

	六一 六	一五 二	八三 四	
山	七二 五	五九 七	三七 九	向
	二六 一	九四 三	四八 八	

八運挨星六到山一到向
飛星山順向逆犯下水
山向均比和吉

	五二 七	一六 三	三四 五	
山	四三 六	六一 八	八八 一	向
	九七 二	二五 四	七九 九	

卯山酉

九運挨星七到山二到向
飛星山逆向順犯上
向尅入山比和吉

	八一 八	三六 四	一八 六	
山	九九 七	七二 九	五四 二	向
	四五 三	二七 五	六三 一	

八

天元酉山卯向挨星圖
地運一百四十年
三五七運當旺
二九運離宮打劫
城门三五運不用二四
六運巽艮吉一八運巽
吉七九運艮吉

一運挨星三到山八到向
飛星山逆向犯上山
山比和吉向生出凶

	四七 九	八三 五	六五 七	
向	五六 八	三八 一	一一 三	山
	九二 四	七四 六	二九 二	

二運挨星四到山九到向
飛星山順向逆犯下水
山向均比和吉

	三一/一	八五/六	一三/八	
向	二二/九	四九/二	六七/四	山
	七六/五	九四/七	五八/三	

三運挨星五到山一到向
飛星山向均逆當旺
山向均逢缶凶

酉山卯

	六二/二	一六/七	八四/九	
向	七三/一	五一/三	三八/五	山
	二七/六	九五/八	四九/四	

九

四運挨星六到山二到向
飛星山向均順犯上山
下水山尅入吉向生出凶

	五 一 / 三	一 六 / 八	三 八 / 一	
向	四 九 / 二	六 二 / 四	八 四 / 六	山
	九 四 / 五	二 七 / 九	七 三 / 五	

五運挨星七到山三到向
飛星山向均逆當旺
山尅出向向生出入凶

	八 四 / 四	三 八 / 九	一 六 / 二	
向	九 五 / 三	七 三 / 五	五 一 / 七	山
	四 九 / 八	二 七 / 一	六 二 / 六	

陸運挨星捌到山四到向柒運挨星玖到山伍到向
飛星山向均順犯上山　飛星山向均逆當旺
下水山向均生入吉　山剋出向生出凶

	七三五	三八一	五一三	
向	六二四	八四六	一六八	山
	二七九	四九二	九五七	

	一六六	五一二	三八四	
向	二七五	九五七	七三九	山
	六二一	四九三	八四八	

酉山卯

十

八運挨星一到山六到向玖運挨星弍到山柒到向

飛星山逆向順犯上山　飛星山順向逆犯下水

山向均比和吉　山剋出凶向比和吉

	二九 / 七	六一 / 三	四三 / 五	
向	三四 / 六	一六 / 八	八八 / 一	山
	七九 / 二	五二 / 四	九七 / 九	

	一八 / 八	六三 / 四	八一 / 六	
向	九九 / 七	二七 / 九	四五 / 二	山
	五四 / 三	七六 / 五	三六 / 一	

天元乾山巽向挨星圖

地運一百六十年

二八運當旺

一九運全局吉

一四運坎宮打刦

城門一四七運不用三

五運卯午吉二九運卯

吉六八運午吉

四六運犯反吟伏吟

一運挨星二到山九到向

飛星山順向逆犯下水

向比和吉山剋丟凶

向 一 九	六 五 五	八 三 七
九 二 八	二 九 一	四 七 三
五 六 四	七 四 六	三 八 二 山

乾山巽

二運挨星三到山一到向

飛星山向均逆當旺

向剋出凶山生入吉

向

四 二 一	八 六 六	六 四 八
五 三 九	三 一 二	一 八 四
七 七 五	七 五 七	二 九 三

山

三運挨星四到山二到向

飛星山向均順犯上山下水

向生入山剋入吉

向

三 一 二	八 六 七	一 八 九
二 九 一	四 二 三	六 四 五
七 五 六	九 七 八	五 三 四

山

肆運挨星五到山三到向
飛星山順向逆犯下水
向比和吉山生入吉

向

四四 三	九九 八	二六 一
二五 二	五三 四	七一 六
八九 七	一七 九	六二 五

山

伍運挨星六到山三到向
飛星山向均順犯上山
下水向剋入山生入吉

向

五三 四	一八 九	三一 二
四二 三	六四 五	八六 七
九七 八	二九 一	七五 六

山

乾山巽向

十二

六運換星七到山伍到向七運換星捌到山陸到向
飛星山逆向順犯上山　飛星山向均順犯上山下
向剋入山比和吉　水向生入吉山剋出凶

向

八四 五	三九 一	一二 三
九三 四	七五 六	五七 八
四八 九	二八 二	六六 七

山

向

七五 六	三一 二	五三 四
六四 五	八六 七	一二 九
二九 一	四二 三	九七 八

山

八運挨星九到山七到向
飛星山向均逆當旺
向魁入吉山生出凶

向

一 八 七	五 三 三	三 一 五
二 九 六	九 七 八	七 五 一
六 四 二	四 二 四	八 六 九

山

九運挨星一到山八到向
飛星山逆向順犯上山
向生出凶山比和吉

向

二 七 八	六 三 四	四 五 六
三 六 七	一 八 九	八 一 二
七 二 三	五 四 五	九 九 一

山

乾山巽

十三

天元巽山乾向挨星圖

地運二十年

二八運當旺

一九運全局合十

六九運離宮打刦

城門三六九運不用五

七運子酉吉一八運酉吉

二四運子吉

四六運犯反吟伏吟凶

巽山乾

一運挨星九到山二到向

飛星山逆向順犯上山

山比和向剋入吉

山

一　一 九	五　六 五	三　八 七
二　九 八	九　二 一	七　四 三
六　五 四	七　四 六	八　三 二

向

弍運挨星一到山三到向
飛星山向均逆當旺
山剋入吉向生出凶

山 二四 一	六八 六	四六 八
三五 九	一三 二	八一 四
七九 五	五七 七	九二 三 向

巽山乾

三運挨星二到山四到向
飛星山向均順犯上山
下水生出向剋出凶

一三 二	六八 七	八一 九
九二 一	二四 三	四六 五
五七 六	七九 八	三五 四

十四

四運換星三到山五到向
飛星山逆向順犯上山
山比和吉向生出凶

山

四四／三	九九／八	六二／一
五三／二	三五／四	一七／六
九八／七	七一／九	二六／五

向

五運換星四到山六到向
飛星山向均順犯上山
下水山剋出向生出凶

山

三五／四	八一／九	一三／二
二四／三	四六／五	六八／七
八九／七	九二／一	五七／六

向

陸運挨星五到山七到向
飛星山順向逆犯下水
山剋出凶比和吉

山 四 八 五	九 三 一	二 一 三
三 九 四	五 七 六	七 五 八
八 四 九	一 二 二	六 六 七 向

巽山乾

柒運挨星六到山八到向
飛星山均順犯上山
下水
山生出凶
向剋入吉

山 五 七 六	一 三 二	三 五 四
四 五 六	六 八 七	八 一 九
九 二 一	二 四 三	七 九 八 向

十五

捌運挨星七到山九到向
飛星山向均逆當旺
山剋出凶向生入吉

山 八一 七	三五 三	一三 五
九二 六	七九 八	五七 一
四六 二	二四 四	六八 九 向

九運挨星捌到山一到向
飛星山順向逆犯下水
山生入向比和吉

山 七二 八	三六 四	五四 六
六三 七	八一 九	一八 二
二七 三	四五 五	九九 一 向

天元艮山坤向挨星圖

地運一百廿年
四六運当旺
城門二四九運不用
五八運午酉吉
一七運酉吉
三六運午吉
二五八運犯反吟伏吟凶
然全局合成三般卦

壹運挨星四到山七到向
飛星山順向逆犯下水
向比和吉山剋出凶

三 八 九	八 三 五	一 一 七 (坤向)
二 九 八	四 七 一	六 五 三
七 四 四 (艮山)	九 二 六	五 六 二

艮山坤 十六

二運挨星五到山八到向
飛星山向均順犯上山
下水山向均比和吉

向坤

四　七 一	九　三 六	二　五 八
三　六 九	五　八 二	七　一 四
八　二 五	一　四 七	六　九 三

山艮

三運挨星六到山九到向
向飛星山順向逆犯下
水向比和吉山剋出凶

向坤

五　一 二	一　五 七	三　三 九
四　二 一	六　九 三	八　七 五
九　六 六	二　四 八	七　八 四

山艮

四運挨星七到山一到向
飛星山向均逆壋旺
向生出山山尅入吉

		坤
八 二 三	三 六 八	一 四 一
九 三 二	七 一 四	五 八 六
四 七 七	二 五 九	六 九 五
艮		

五運挨星八到山二到向
飛星山向均順犯上山下水
山向均比和

		向
七 一 四	三 六 九	五 八 二
六 九 三	八 二 五	一 四 七
二 五 八	四 七 一	九 六 三
山		

艮山坤

十七

六運挨星九到山三到向
飛星山向均逆當旺
山向均犯入吉

向

一 四 五	五 八 一	三 六 三
二 五 四	九 三 六	七 一 八
六 九 九	四 七 二	八 二 七

山

七運挨星一到山四到向
飛星山逆向順犯上山
向生入山比和吉

向

二 三 六	六 八 二	四 一 四
三 二 五	一 四 七	八 六 九
七 七 一	五 九 三	九 五 八

山

八運挨星二到山五到向
飛星山向均順犯上山下水
山向均比和吉

九運挨星三到山六到向
飛星山逆向順犯上山
向剋出(凶)山比和吉

向

一 四 / 七	六 九 / 三	八 二 / 五
九 三 / 六	二 五 / 八	四 七 / 一
五 八 / 二	七 四 / 一	三 六 / 九

山

艮山坤

向

四 五 / 八	八 一 / 四	六 三 / 六
五 四 / 七	三 六 / 九	一 八 / 二
九 九 / 三	七 二 / 五	二 七 / 一

十八

天元坤山艮向挨星圖

地運六十年
四六運當旺
城門一六八運不用二五
運子卯吉
二五八運犯反伏吟凶
然會局合成三般卦

坤山艮

一運挨星七到山四到向
飛星山逆向順犯上山
山比和向剋入吉

山

八 三 九	三 八 五	一 一 七
九 二 八	七 四 一	五 六 三
四 七 四	二 九 六	六 五 二

向

弍運挨星捌到山伍到向叁運挨星玖到山陸到向
飛星山向均順犯上山　飛星山逆向順犯上山
下水山向均順比和吉　山比和向尅入吉

坤山艮向

山

七四一	三九六	九二八
六三九	二五八	一七四
二八五	四一七	九六三

向

十九

山

一五二	五一七	三三九
二四一	九六三	七八五
六九六	四二八	八七四

向

四運換星壹到山柒到向
飛星山向均逆當旺
山生入吉向剋玉凶

山

八八 三	六三 八	四一 二
三九 二	一七 四	八三 六
七七 四	五二 九	五六 九

向

伍運換星弍到山八到向
飛星山向均順犯上山下
水山向均比和吉

山

一七 四	六三 九	八五 二
九六 三	二捌 五	四一 七
五二 八	七四 一	三九 六

向

六運挨星三到山九到向

飛星山向均逆當旺

山向均犯出吉。凶

四一 五	八五 一	六三 三
五二 四	三九 六	一七 八
九六 九	七四 二	二八 七

山（右上） 向（左下）

七運挨星四到山一到向

飛星山順向逆犯下水

山生出凶向比和吉

三二 六	八六 二	一四 四
二三 五	四一 七	六八 九
七七 一	六五 三	五九 八

山（右上） 向（左下）

坤山艮

廿

八運挨星五到山二到向
飛星山向均順犯上山下水
山向均比和吉

山

四一 七	七六 三	二八 五
三九 六	五二 八	七四 一
八五 二	一七 四	六三 九

向

九運挨星六到山三到向
飛星山順向逆犯~~兩上山下水~~
下水山剋入向比和吉

山

五四 八	一八 四	三六 六
四五 七	六三 九	八一 二
九九 三	二七 五	七二 一

向

人元寅申向挨星圖

地運一百二十年

四六運當旺

城門二四九運不用五八運

丁辛吉一七運辛

三六運丁吉

二五八運犯反吟凶

然全局合成三般卦

一運挨星回到山七到向

飛星山順向逆犯下水

向比和吉山剋出凶

三 八 九	八 三 五	向 一 一 七
二 九 八	四 七 一	六 五 三
七 四 四	九 二 六	五 六 二

寅山申

二十一

二運挨星五到山八到向
飛星山向均順犯上山下水
山向均比和吉

向

四 七 一	九 三 六	二 五 八
三 六 九	五 八 二	七 一 四
八 二 五	一 四 七	六 九 三

山

三運挨星六到山九到向
飛星山順向逆犯下水
向比和吉山剋出凶

向

五 一 二	一 五 七	三 三 九
四 二 一	六 九 三	八 七 五
九 六 六	二 四 八	七 八 四

山

四運挨星七到山一到向
飛星山向均逆當旺
山剋入吉向生出凶

		向
八 二 三	三 六 八	一 四 一
九 三 二	七 一 四	六 九 五
七 四 七	二 五 九	五 八 六
山		

五運挨星八到山二到向
飛星山向均順犯上山
下水山向均比和吉

		向
七 一 四	三 六 九	五 八 二
六 九 三	八 二 五	一 四 七
二 五 八	四 七 一	九 三 六
山		

寅山申

二十二

六運挨星九到山三到向
飛星山向均逆當旺
山向均犯入吉

向

一四 五	五八 一	三六 三
二五 四	九三 六	七一 八
六九 九	四七 二	八二 七

七運挨星一到山四到向
飛星山逆順向犯上山
向生入山比和吉

向

二三 六	六八 二	四一 四
三二 五	一四 七	八六 九
七七 一	五九 三	九五 八

山

八運挨星二到山五到向
飛星山向均順犯上山
下水山向均比和吉

一　四 七	六　九 三	向 八　二 五
九　三 六	二　五 八	四　七 一
五　八 山　二	七　一 四	三　六 九

九運挨星三到山六到向
飛星山逆向順犯上山
向兔出山比和吉

四　五 八	八　一 四	向 六　三 六
五　四 七	三　九（六） 九	一　八 二
九　九 三 山	七　二 五	二　七 一

寅山申

二十三

申山寅

一運挨星七到山四到向

飛星山到逆向順犯上山

山比和向剋入吉

三 八　九	八 三　五	一 一　七
二 九　八	四 七　一	六 五　三
七 四　四	九 二　六	五 六　二

向

人元申山寅向挨星圖

地運六十年

四六運當旺

城門一六八運不用二五運山

乙癸吉三九運乙吉

四七運癸吉

二五八運犯反伏吟凶

然全局合成三般卦

二運挨星八到山五到向
飛星山向均順犯上山
下水山向均比和吉

		山
七四 一	三九 六	五二 八
六三 九	八五 二	一七 四
二八 五	四一 七	九六 三
向		

三運挨星九到山六到向
飛星山逆向順犯上山
山比和向剋入吉

		山
一五 二	五一 七	三三 九
二四 一	九六 三	七八 五
六九 六	四二 八	八七 四
向		

申山寅

二十四

四運挨星一到山七到向
飛星山向均逆當旺
山生入吉向剋出凶

		山
二八 三	六三 八	四一 一
三九 二	一七 四	八五 六
七四 七	五二 九	九六 五
向		

五運挨星二到山八到向
飛星山向均順犯上山
下水山向均比和吉

		山
一七 四	六三 九	八五 二
九六 三	二八 五	四一 七
五二 八	七四 一	三九 六
向		

六運挨星三到山九到向
飛星山向均逆當旺
山向均尅出凶

山

四一 五	八五 一	六三 三
五二 四	三九 六	一七 八
九六 九	七四 二	二八 七

向

七運挨星四到山一到向
飛星山順向逆犯下水
山生出凶向比和吉

山

三二 六	八六 二	一四 四
二三 五	四一 七	六八 九
七七 一	九五 三	五九 八

向

申山寅

八運挨星五到二到向
飛星山向均順犯上山
下水山向均比和吉

九運挨星六到山三到向
飛星山順向逆犯下水
山飽入向比和吉

山

四一 七	九六 三	二八 五
三九 六	五二 八	七四 一
八五 二	一七 四	六三 九

向

山

五四 八	一八 四	三六 六
四五 七	六三 九	八一 二
九九 三	二七 五	七二 一

向

人元巳山亥向挨星圖

地運二十年

二八運當旺

一九運全局合十

六九離宮打刦

城門三六九運不用五七

運癸辛吉一八運辛吉

二四運癸吉

四六運犯反伏吟凶

一運挨星九到山一到向

飛星山逆向順犯上山

山比和向剋入吉

山 一 一 九	五 六 五	三 八 七
二 九 八	九 二 一	七 四 三
六 五 四	四 七 六	八 三 二 向

巳山亥

二六

二運挨星一到山三到向
飛星山向均逆當旺
山尅入吉向生出凶

山 二 四 一	六 八 六	四 六 八
三 五 九	一 三 二	八 一 四
七 九 五	五 七 七	九 二 三 向

三運挨星二到山四到向
飛星山向均順犯上山
下水山生出向尅出凶

山 一 三 二	六 八 七	八 一 九
九 二 一	二 四 三	四 六 五
五 七 六	七 九 八	三 五 四 向

四運挨星三到山五到向
飛星山逆向順犯上山
山比和吉向剋出凶

山 四四 三	八九 八	六二 一
五三 二	二五 四	一七 六
九八 七	七一 九	二六 五 亥向

五運挨星四到山六到向
飛星山向均順犯上山
下水
山剋出向生出凶

巳山亥

山 三五 四	八一 九	一三 二
二四 三	四六 五	六八 七
七九 八	九二 一	五七 六 向

二七

六運挨星五到山七到向
飛星山順向逆犯下水
山剋出凶向比和吉

山		
四八 五	九三 一	二一 三
三九 四	五七 六	七五 八
八四 九	一二 二	六六 七
		向

七運挨星六到山八到向
飛星山向均順犯上下水
山生出凶向剋入吉

山		
五七 六	一三 二	三五 四
四六 五	六八 七	八一 九
九二 一	二四 三	七九 八
		向

捌運挨星柒到山九到向玖運挨星八到山一到向

飛星山向均逆當旺 飛星山順向逆犯下水

山剋出凶向比和吉 山生入向比和吉

山

捌壹 柒	叁伍 叁	壹叁 伍
玖弍 陸	柒玖 捌	伍柒 壹
肆陸 弍	弍肆 肆	陸捌 玖

向

三山六

山

柒弍 捌	叁陸 肆	伍肆 陸
陸叁 柒	捌壹 玖	壹捌 弍
弍柒 叁	肆伍 伍	玖玖 壹

向

二八

人元亥山巳向挨星圖
地運壹百廿年
式捌運當旺
壹玖運全局合拾
一四運坎宮打刦
城門壹四柒運不用
三五運乙丁吉二九運乙吉
六八運丁吉
四六運犯反吟伏吟凶

一運挨星式到山玖到向
飛星山順向逆犯下水
向比和吉山剋出凶

向

一一 九	六五 五	八三 七
九二 八	二九 一	四七 三
五六 四	七四 六	三八 二

山

二運挨星三到山一到向
飛星山向均逆當旺
向剋出山山生入吉

向 四 二 一	八 六 六	六 四 八
五 三 九	三 一 二	一 八 四
九 七 五	七 五 七	二 九 三 山

三運挨星四到山二到向
飛星山向均順犯上山下水
向生入山剋入吉

向 三 一 二	八 六 七	一 八 九
二 九 一	四 二 三	六 四 五
七 五 六	九 七 八	五 三 四 山

亥山巳

二九

四運挨星五到山三到向
飛星山順向逆犯下水
向比和山生入吉

向 四 四 三	九 八 八	二 六 一
三 五 二	五 三 四	七 一 六
八 九 七	一 七 九	六 二 五 山

五運挨星六到山四到向
飛星山向均順犯上山下水
向剋入山生入吉

向 五 三 四	一 八 九	三 一 二
四 二 三	六 四 五	八 六 七
九 七 八	二 九 一	七 五 六 山

六運挨星七到山五到向
飛星山逆向順犯上山
向尅入山比和吉

向 四 八 五	九 三 一	二 一 三
三 九 四	五 七 六	七 五 八
八 四 九	一 二 二	六 六 七 山

七運挨星八到山六到向
飛星山向均順犯上山
下水向生入吉山尅出凶

向 四五 七 六	[illegible] 三 二	三 五 四
四 六 五	六 八 七	八 一 九
九 二 一	二 四 三	七 九 八 山

亥山巳

卅

八運挨星九到山七到向
飛星山向均逆當旺
向起八吉山生出凶

向

一八 七	五三 三	三一 五
二九 六	九七 八	七五 一
六四 二	四二 四	八六 九

山

九運挨星一到山八到向
飛星山逆向順犯上山
向生双舌出山比和吉

向

二七 八	六三 四	四五 六
三六 七	一八 九	八一 二
七二 三	五四 五	九九 一

山

人元乙山辛向挨星圖

地運四十年

三五七運當旺

一八運坎宮打刦

城門五七運不用四六

八運申亥吉一三運申

二九運亥吉

一運挨星八到山三到向

飛星山順向逆犯下水

山生入向比和吉

乙山辛

	七四 九	三八 五	五六 七	
山	六五 八	八三 一	一一 三	向
	二九 四	四七 六	九二 二	

三一

二運挨星九到山四到向
飛星山逆向順犯上山
山向均比和吉

	一 三 一	五 八 六	三 一 八	
山	二 二 九	九 四 二	七 六 四	向
	六 七 五	四 九 七	八 五 三	

三運挨星一到山五到向
飛星山向均逆當旺
山向均尅入吉

	二 六 二	六 一 七	四 八 九	
山	三 七 一	一 五 三	八 三 五	向
	七 二 六	五 九 八	九 四 四	

飛星山向均順犯上山下水

山生入吉向剋出凶

	五／一／三	一／六／八	三／八／一	
山	四／九／二	六／二／四	八／四／六	向
	九／五／七	二／七／九	七／三／五	

飛星山向均逆當旺

向剋入山生入吉

	八／四／四	三／八／九	一／六／二	
山	九／五／三	七／三／五	五／一／七	向
	四／九／八	二／七／一	六／二／六	

乙山辛

三二

六運挨星四到山八到向
飛星山向均順犯上山下水
山向均生出凶

	三七 五	八三 一	一五 三	
山	二六 四	四八 六	六一 八	向
	七二 九	九四 二	五九 七	

七運挨星五到山九到向
飛星山向均逆當旺
山生入向剋入吉

	六一 六	一五 二	八三 四	
山	七二 五	五九 七	三七 九	向
	二六 一	九四 三	四八 八	

八運挨星六到山一到向
飛星山順向逆犯下水
山向均比和吉

五二 七	一六 三	三四 五	
山 四三 六	六一 八	八八 一	向
九七 二	二五 四	七九 九	

九運挨星七到山二到向
飛星山逆向順犯上山
山比和向剋入吉

乙山辛	八一 八	三六 四	一八 六	
	山 九九 七	七二 九	五四 二	向
三三	四五 三	二七 五	六三 一	

人元辛山乙向挨星圖
地運一百四十年
三五七運當旺
二九運離宮打刦
城門三五運不用二四
六運寅巳吉一八運巳
七九運寅吉

一運挨星三到山八到向
飛星山逆向順犯上山
山比和吉向尅出凶

	四七 九	八三 五	六五 七	
向	五六 八	三八 一	一一 三	山
	九二 四	七四 六	二九 二	

二運挨星四到山九到向
飛星山順向逆犯下水
山向均比和吉

	三一 一	八五 六	二三 八	
向	二二 九	四九 二	六七 四	山
	七六 五	九四 七	五八 三	

三運挨星五到山一到向
飛星山向均逆當旺
山向均尅舌凶

	六二 二	一六 七	八四 九	
向	七三 一	五一 三	三八 五	山
	二七 六	九五 八	四九 四	

辛山乙

三四

四運換星六到山二到向

飛星山向均順犯上山

下水山剋入吉向生尅凶

	五 一 三	一 六 八	三 八 一	
向	四 九 二	六 二 四	八 四 六	山
	九 五 七	二 七 九	七 三 五	

五運換星七到山三到向

飛星山向均逆當旺

山剋尅向生尅凶

	八 四 四	三 八 九	二 六 一	
向	九 五 三	七 三 五	五 一 七	山
	四 九 八	二 七 一	六 二 六	

六運挨星捌到山肆到向七運挨星九到山伍到向
飛星山向均順犯上山　飛星山向均逆當旺
下水山向均生入吉　山剋出向剋出凶

柒叁 伍	叁捌 壹	伍壹 叁	
向 陸貳 肆	捌肆 陸	壹陸 捌	山
貳柒 玖	肆玖 貳	玖伍 柒	

辛山乙

壹陸 陸	伍壹 貳	叁捌 肆	
向 貳柒 伍	玖伍 柒	柒叁 玖	山
陸貳 壹	肆玖 叁	捌肆 捌	

三五

捌運挨星一到山陸到向九運挨星伍到山陸到向

飛星山逆向順犯上山　飛星山順向逆犯下水

山向均比和吉　山剋去凶向比和吉

	二 五 七	六 一 三	四 三 五	
向	三 四 六	一 六 八	八 八 一	山
	七 九 二	五 二 四	九 七 九	

	一 八 八	六 三 四	八 一 六	
向	九 九 七	二 七 九	四 五 二	山
	五 四 三	七 二 五	三 六 一	

人元丁山癸向挨星圖

地運一百年

五運獨旺

三七運全局合十

二四七九運坎宮打刼

城門一三五運不用 二四

六九運寅亥吉

七運寅八運亥吉

一運挨星五到山六到向

飛星山逆向順犯上山

山比和吉向生弔凶

六五 九	山 一一 五	八三 七
四七 八	五六 一	三八 三
二九 四	九二 六 向	四七 二

丁山癸

三六

二運挨星六到山七到向
飛星山順向逆犯下水
向比和吉山生出凶

山

五 八 一	一 三 六	三 一 八
四 九 九	六 七 二	八 五 四
九 四 五	二 二 七	七 六 三

向

三運挨星七到山八到向
飛星山逆向順犯上山
山比和向尅入吉

山

八 七 二	三 三 七	九 五 一
六 六 一	七 八 三	五 一 五
四 二 六	二 四 八	六 九 四

向

四運挨星八到山九到向
飛星山脈向逆犯下水
山尅出凶向比和吉

七一 三	山 三五 八	五三 一
六二 二	八九 四	一七 六
二六 七	四四 九 向	九八 五

五運挨星九到山一到向
飛星山向均逆當旺
山生丑向尅丑凶

一二 四	山 五六 九	三四 二
二三 三	九一 五	七八 七
六七 八	四五 一 向	八九 六

丁山癸

三七

六運挨星一到山二到向
飛星山逆向順犯上山
山比和吉向生出凶

	山	
二 一 五	六 六 一	四 八 三
三 九 四	一 二 六	八 四 八
七 五 九	五 七 二	九 三 七
	向	

七運挨星二到山三到向
飛星山順向逆犯下水
山生入向比和吉

	山	
一 四 六	六 八 二	八 六 四
九 五 五	二 三 七	四 一 九
五 九 一	七 七 三	三 二 八
	向	

八運挨星三到山四到向
飛星山逆向順犯上山
山比和向剋入吉

一六五　六一一　五二九
山八谷五　四三八　九七四向
三四七　二五六　七九二

九運挨星四到山五到向
飛星山順向逆犯下水
山剋出凶向比和吉

八一六　三六二　四五一
山一八四　五四九　九九五向
六三八　七二六　二七三

丁山癸
三八

人元癸山丁向挨星圖

地運八十年

五運獨旺

三七運全局合十

一三六八運離宮打刦

城門五七九運不用一

四六八運巳申吉二運

巳三運申吉

癸山丁

一運挨星六到山五到向

飛星山向均逆犯下水

向比和山生入吉

	向	
五六 九	一一 五	三八 七
四七 八	六五 一	八三 三
九二 四	二九 六	七四 二
	山	

二運挨星七到山六到向
飛星山逆向順犯上山
向生入山比和吉

八五 一	向 三一 六	一三 八
九四 九	七六 二	五八 四
四九 五	二二 七 山	六七 三

三運挨星八到山七到向
飛星山順向逆犯下水
向比吉山剋出凶

七八 二	向 三三 七	五一 九
六九 一	八七 三	一五 五
二四 六	四二 八 山	九六 四

癸山丁

三九

四運換星九到山八到向
飛星山逆向順犯上山
向尅入山比和吉

	向	
一七 三	五三 八	三五 一
二六 二	九八 四	七五 六
六三 七	四四 九	八九 五
	山	

五運換星二到山九到向
飛星山向均逆當旺
向生入山尅入吉

	向	
二一 四	六五 九	四三 二
三二 三	一九 五	八七 七
七六 八	五四 一	九八 六
	山	

六運挨星式到山一到向
飛星山順向逆犯下水
向比和吉山生入吉

	向	
一二 五	六六 一	儿四 三
九三 四	二一 六	四儿 儿
五七 九	七五 二	三九 七
	山	

柒運挨星三到山二到向
飛星山逆向順犯上山
向生出凶山比和吉

	向	
四一 六	八六 二	六八 四
五九 五	三二 七	一四 九
九五 一	七七 三	二三 八
	山	

癸山丁

四丁

八運挨星四到山三到向
飛星山順向逆犯下水
向比和吉山剋出凶

向

三四 七	八八 三	一六 五
二五 六	四三 八	六一 一
七九 二	九七 四	五二 九

山

玖運挨星伍到山四到向
飛星山逆向順犯上山
向剋入吉山比和吉

向

六三 八	一八 四	八一 六
七二 七	五四 九	三六 一
二七 三	九九 五	四五 一

山

地元辰山戌向挨星圖

地運二十年

三五七運當旺

一四運離宮打刦

城門五七運不用

三六九運壬庚吉

一八運壬二四運庚吉

一運挨星九到山二到向

飛星山順向逆犯下水

山剋入向比和吉

辰山戌

山 三 八九	七 四五	五 六七
四 七八	二 九一	九 二三
八 三四	六 五六	一 一二 向

四一

二運挨星一到山三到向
飛星山向均順犯上山
下水山生去凶向剋入吉

山 九 二 一	五 七 六	七 九 八
八 一 九	一 三 二	三 五 四
四 六 五	六 八 七	二 四 三 向

三運挨星二到山三到向
飛星山向均逆當旺
山剋出向生去凶

山 三 五 二	七 九 七	五 七 九
四 六 一	二 四 三	九 二 五
八 一 六	六 八 八	一 三 四 向

四運挨星三到山五到向
飛星山帳向逆犯下水、
山生出凶向比和吉

山 二 六 三	七 一 八	九 八 一
一 七 二	三 五 四	五 三 六
六 二 七	八 九 九	四 四 五 向

五運挨星四到山六到向
飛星山向均逆當旺
山生出向尅出凶

山 五 七 四	九 二 九	七 九 二
六 八 三	四 六 五	二 四 七
一 三 八	八 一 一	三 五 六 向

辰山戌

四二

六運挨星五到山七到向
飛星山逆向順犯上山
山比和吉向剋出凶

山

六 六 五	二 一 一	四 八 三
五 七 四	七 五 六	九 三 八
一 二 九	三 九 二	八 四 七

向

七運挨星六到山八到向
飛星山向均逆當旺
山剋入吉向生出凶

山

九 七 六	四 二 二	二 九 四
一 八 五	八 六 七	六 四 九
五 三 一	三 一 三	七 五 八

向

八運挨星七到九到向
飛星山逆向順犯上山下水
山比生入和吉向尅出凶

山

六 八 七	二 四 三	四 六 五
五 七 六	七 九 八	九 二 一
一 三 二	三 五 四	八 一 九

向

九運挨星八到山一到向
飛星山逆向順犯上山
山比和向生入吉

山

九 九 八	四 五 四	二 七 六
一 八 七	八 一 九	六 三 二
五 四 三	三 六 五	七 二 一

向

辰山戌

四
三

地元戌山辰向挨星圖

地運一百六十年

三五七運當旺

六九運坎宮打刦

城門三五運不用

四七運丙甲吉一二

九運丙六八運甲吉

一運挨星二到山九到向

飛星山逆向順犯上山

向剋山出山比和吉

向 八三 九	七四 五	五六 七
四七 八	二九 一	九二 三
八三 四	六五 六	一一 三 山

二運挨星三到山一到向
飛星山向均順犯上山
下水向生入吉山剋出凶

向

二 九 一	七 五 六	九 七 八
一 八 九	三 一 二	五 三 四
六 四 五	八 六 七	四 二 三

山

三運挨星四到山二到向
飛星山向均逆當旺
向生入山剋入吉

戌山辰向

五 三 二	九 七 七	七 五 九
六 四 一	四 二 三	二 九 五
一 八 六	八 六 八	三 一 四

山

四四

四運挨星五到山三到向
飛星山逆向順犯上山
向生入山比和吉

向 六 二 三	一 七 八	八 九 一
七 一 二	五 三 四	三 五 六
二 六 七	九 八 九	四 四 五 山

五運挨星六到山四到向
飛星山向均逆當旺
向生入山剋入吉

向 七 五 四	二 九 九	九 七 二
三 六 八	六 四 五	四 二 七
三 一 八	一 八 一	五 三 六 山

六運挨星七到山五到向
飛星山順向逆犯下水
向比和山剋入吉

向 六六 五	一二 一	八四 三
七五 四	五七 六	三九 八
二一 九	九三 二	四八 七 山

七運挨星八到山六到向
飛星山向均逆當旺
向剋出山生入吉

向 七九 六	二四 二	九二 四
八一 五	六八 七	四六 九
三五 一	一三 三	五七 八 山

戌山辰

四五

八運挨星九到山七到向
飛星山向均順犯上山
下水向生出凶山剋入吉

向

八 六 七	四 二 三	六 四 五
七 五 六	九 七 八	二 九 一
三 一 二	五 三 四	一 八 九

山

九運挨星一到山八到向
飛星山順向逆犯下水
向比和吉山生出凶

向

九 九 八	五 四 四	七 二 六
八 一 七	一 八 九	三 六 二
四 五 三	六 三 五	二 七 一

山

地元丑山未向挨星圖

地運一百二十年

二五八運當旺

二八運全局合十

城門五八運不用

二四九運丙庚吉

一七運丙三六運庚吉

四六運全局合三般卦

一運挨星回到山七到向

飛星山逆向順犯上山

向剋出凶山比和吉

向

丑山未

五 六 九	九 二 五	七 四 七
六 五 八	四 七 一	二 九 三
一 一 四	八 三 六	三 八 二

四 六

山

二運挨星五到山八到向
飛星山向均逆當旺
山向均比和吉

六 九 一	一 四 六	向 八 二 八
七 一 九	五 八 二	三 六 四
二 五 五 山	九 三 七	四 七 三

三運挨星六到山九到向
飛星山逆向順犯上山
向剋出山比和吉

七 八 二	二 四 七	向 九 六 九
八 七 一	六 九 三	四 二 五
三 三 六 山	一 五 八	五 一 四

四運挨星七到山一到向
飛星山向均順犯上山
下水向惹入吉山生去凶

向

六 九 三	二 五 八	四 七 一
五 八 二	七 一 四	九 三 六
一 四 七	三 六 九	八 二 五

山

五運挨星八到山二到向
飛星山向均逆當旺
山向均比和吉

向

九 三 四	四 七 九	二 五 二
一 四 三	八 二 五	六 九 七
五 八 八	三 六 一	七 一 六

丑山未

四七

六運挨星九到山三到向
飛星山向均順犯上山
下水山向均起入吉

		向
八 二 五	四 七 一	六 九 三
七 一 四	九 三 六	二 五 八
三 九 六 山	五 八 二	一 四 七

七運挨星一到山四到向
飛星山順向逆犯下水
向比和山生入吉

		向
九 五 六	五 九 二	七 七 四
八 六 五	一 四 七	三 二 九
四 一 一 山	六 八 三	二 三 八

八運挨星二到山五到向
飛星山向均逆當旺
山向均比和吉

向

三 六 七	七 一 三	五 八 五
七 四 六	二 五 八	九 三 一
八 二 二	六 九 四	一 四 九

山

九運挨星三到山六到向
飛星山順向逆犯下水
向比和吉山剋出凶

向

二 七 八	七 二 四	九 九 六
一 八 七	三 六 九	五 四 二
六 三 三	八 一 五	四 五 一

山

丑山未

四八

地元未山丑向挨星圖

地運六十年

二五八運當旺

二八運全局合十

城門二五運不用

一六八運甲壬吉

三九運壬四七運甲吉

四六運全局合三般卦

未山丑

一運挨星七到山四到向

飛星山順向逆犯下水

山剋入向比和吉

六五 九	二九 五	山 四七 七
五六 八	七四 一	九二 三
一一 四 向	三八 六	八三 二

二運挨星八到山伍到向

飛星山向均逆當旺

山向均比和吉

		山
九六 一	四一 六	二八 八
一七 九	八五 二	六三 四
五二 五	三九 七	七四 三
向		

三運挨星九到山六到向

飛星山順向逆犯下水

山赳入向比和吉

		山
八七 二	四二 七	六九 九
七八 一	九六 三	二四 五
三三 六	五一 八	一五 四
向		

未山丑

四九

四運換星一到山七到向五運換星四到山一到向
飛星山向均順犯上山　飛星山向均逆當旺
下水山剋出凶向生入吉山向均比和吉

六九三	五二八	山 七四一
八五二	一七四	三九六
四一七 向	六三九	二八五

三九四	七四九	山 五二二
四一三	二八五	九六七
八五八 向	六三一	一七六

六運挨星三到山九到向
飛星山向均順犯上山
下水山向均尅出凶

<table>
<tr><td>二八
五</td><td>七四
一</td><td>山
九六
三</td></tr>
<tr><td>一七
四</td><td>三九
六</td><td>五二
八</td></tr>
<tr><td>六三
九
向</td><td>八五
二</td><td>四一
七</td></tr>
</table>

七運挨星四到山一到向
飛星山逆向順犯上山
山比和吉向尅出凶

<table>
<tr><td>五九
六</td><td>九五
二</td><td>山
七七
四</td></tr>
<tr><td>六八
五</td><td>四一
七</td><td>二三
九</td></tr>
<tr><td>一四
一
向</td><td>八六
三</td><td>三二
八</td></tr>
</table>

未山丑

八運換星五到山二到向　九運換星六到山三到向
飛星山向均逆當旺　飛星山逆向順犯上山
山向均比和吉　山比和向尅入吉

山 八　五 五	一　七 三	六　三 九
三　九 一	五　二 八	七　四 六
四　一 七	九　六 四	二　八 二 向

山 九　九 六	二　七 四	七　二 八
四　五 二	六　三 九	八　一 七
五　四 一	一　八 五	三　六 三 向

地元甲山庚向挨星圖　一運挨星八到山三到向
地運四十年　飛星山逆向順犯上山
四六運當旺　向生入山比和吉
四六運全局合十
二九運坎宮打刦
城門四六八運不用五七運
未戌吉一四三運戌三九運
未吉三六運犯反伏吟凶

	九 二 九	四 七 五	二 九 七	
山	一 一 八	八 三 一	六 五 三	向
	五 六 四	三 八 六	七 四 二	

甲山庚
五一

二運挨星九到山四到向
飛星山順向逆犯下水
山向均比和吉

	五八一	九四六	七六八	
山	六七九	四九二	二二四	向
	一三五	八五七	三一三	

三運挨星一到山五到向
飛星山向均順犯上山
下水山向均剋入吉

	四九二	九五七	二七九	
山	三八一	五一三	七三五	向
	八四六	一六八	六二四	

四運挨星二到山六到向
飛星山順向逆犯下水
山向均比和吉

三 七 三	七 二 八	五 九 一
四 八 山 二	二 六 四	九 四 向 六
八 三 七	六 一 九	一 五 五

五運挨星三到山七到向
飛星山向均順犯上山
下水向生入山剋入吉

二 六 四	七 二 九	九 四 二
一 五 山 三	三 七 五	五 九 向 七
六 一 八	八 三 一	四 八 六

甲山庚

五二

六運挨星四到山八到向
飛星山向均逆當旺
山向均生出凶

	五 九 五	九 四 一	七 二 三	
山	六 一 四	四 八 六	二 六 八	向
	一 五 九	八 三 二	三 七 七	

七運挨星五到山九到向
飛星山向均順犯上山
下水向生入山剋入吉

	四 八 六	九 四 二	二 六 四	
山	三 七 五	五 九 七	七 二 九	向
	八 三 一	一 五 三	六 一 八	

八運挨星六到山一到向
飛星山逆向順犯下水上山
山向均比和吉

七九 七	二五 三	九七 五
八八 六	六一 八	四三 一
三四 二	一六 四	五二 九

九運挨星七到山二到向
飛星山順向逆犯上山
山魁入吉向比和亦吉

六三 八	二七 四	四五 六
五四 七	七二 九	九九 二
一八 三	三六 五	八一 一

甲山庚

五三

地元庚山甲向挨星圖

地運一百二十年

四六運當旺

四六運全局合十

一八運離宮打刦

城門二四六運不用

三五運辰丑吉一八

運丑七九運辰吉三

七運犯反伏吟凶

庚山甲

一運挨星三到山一到向

飛星山順向逆犯下水

向比和吉山生出凶

	二 九 九	七 四 五	九 二 七	
向	一 一 八	三 八 一	五 六 三	山
	六 五 四	八 三 六	四 七 二	

二運挨星四到山九到向
飛星山逆向順犯上山
山向均比和吉

五八 一	九四 六	七六 八
向 六七 九	四九 二	二二 四 山
一三 五	八五 七	三一 三

三運挨星五到山一到向
飛星山向均順犯上山
下水山向均剋凶

四六 二	九五 七	二七 九
三八 一 向	五一 三	七三 五 山
八四 六	一六 八	六二 四

庚山甲

五四

四運挨星六到山二到向
飛星山向均逆當旺
向起入吉山生出凶

七三 三	二七 八	九五 一
向 八四 二	六二 四	四九 六 山
三八 七	一六 九	五一 五

五運挨星七到山三到向
飛星山向均順犯上山
下水山　向

六二 四	二七 九	四九 二
向 五一 三	七三 五	九五 七 山
一六 八	三八 一	八四 六

六運挨星八到山四到向
飛星山向均逆當旺
山向均生入吉

九 五 五	四 九 一	二 七 三
向 一 六 四	八 四 六	六 二 山 八
五 一 九	三 八 二	七 三 七

七運挨星九到山五到向
飛星山向均順犯上山
下水山生出向剋出凶

庚山甲

五
五

八 四 六	四 九 二	六 二 四
向 七 三 五	九 五 七	二 七 山 九
三 八 一	五 一 三	一 六 八

八運挨星一到山六到向
飛星山順向逆犯下水
山向均比和吉

九 七 七	五 二 三	七 九 五
向 八 八 六	一 六 八	山 三 四 一
四 三 二	六 一 四	二 五 九

九運挨星二到山七到向
飛星山逆向順犯上山
山比和吉向剋出凶

三 六 八	七 二 四	五 四 六
向 四 五 七	二 七 九	山 九 九 二
八 一 三	六 三 五	一 八 一

地元壬山丙向挨星圖

地運八十年
無當旺運
二四七九運離宮打刦
城門一四六八運不用
五七九運末辰吉
二運末三運辰吉
一九運犯反伏吟凶

一運挨星六到山五到向
飛星山逆向順犯上山
向生入山比和吉

向

七四 九	二九 五	九二 七
八三 八	六五 一	四七 三
三八 四	一一 六	五六 二

山

壬山丙

五六

二運挨星七到山六到向
飛星山順向逆犯下水
向比和向生入吉

	向	
六七 一	二二 六	四九 八
五八 九	七六 二	九四 四
一三 五	三一 七	八五 三
	山	

三運挨星八到山七到向
飛星山逆向順犯上山
向尅出凶山比和吉

	向	
九六 二	四二 七	二四 九
一五 一	八七 三	六九 五
五一 六	三三 八	七八 四
	山	

四運挨星九到山八到向
飛星山順向逆犯下水
向比和山剋入吉

九 八三	向 四 四八	二 六一
一 七二	八 九四	六 二六
五 三七	三 五九 山	七 一五

五運挨星一到山九到向
飛星山向均順犯上山
下水 山生入向剋入吉

八 九四	向 四 五九	六 七二
七 八三	九 一五	二 三七
三 四八	五 六一 山	一 二六

壬山丙

五七

六運挨星二到山一到向
飛星山逆向順犯上山
向生入山比和吉

向

三九 五	七五 一	五七 三
四八 四	二一 六	九三 八
八四 九	六六 二	一二 七

山

七運挨星三到山二到向
飛星山順向逆犯下水
向比和吉山生出山

向

二三 六	七七 二	九五 四
一四 五	三二 七	五九 九
六八 一	八六 三	四一 八

山

八運挨星四到山三到向
飛星山逆向順犯上山
向尅出凶山比和吉

向

五 二 七	九 七 三	七 九 五
六 一 六	四 三 八	二 五 一
一 六 二	八 八 四	三 四 九

山

壬山丙

九運挨星五到山四到向
飛星山順向逆犯下水
向比和吉山尅入吉

向

四 五 八	九 九 四	二 七 六
三 六 七	五 四 九	七 二 二
八 一 三	一 八 五	六 三 一

山

五
八

地元丙山壬向挨星圖

地運一百年

無当旺運

一三六八運坎宮打刦

城门二四六九運不用

一三五運丑戌吉

七運戌八運丑吉

一九運犯反伏吟凶

丙山壬向

一運挨星五到山六到向

飛星山順向逆犯下水

向比和吉山剋舌凶

四 七 九	山 九 二 五	二 九 七
三 八 八	五 六 一	七 四 三
八 三 四	一 一 六 向	六 五 二

二運挨星六到山七到向

飛星山逆向順犯上山

山比和吉向生出凶

	山	
七 六 一	二 二 六	九 四 八
八 五 九	六 七 二	四 九 四
三 一 五	一 三 七	五 八 三
	向	

三運挨星七到山八到向

飛星山順向逆犯下水

山生入向比和吉

丙山壬

	山	
六 九 二	二 四 七	四 二 九
五 一 一	七 八 三	九 六 五
一 五 六	三 三 八	八 七 四
	向	

五九

四運挨星八到山九到向　五運挨星九到山一到向
飛星山逆向順犯下水　飛星山向均順犯上山
向比和吉山生出凶　下水山剋出向生出凶

四運

	山	
九八 三	四四 八	二六 一
一七 二	八九 四	六二 六
五三 七	三五 九	七一 五
	向	

五運

	山	
八九 四	四五 九	六七 二
七八 三	九一 五	二三 七
三四 八	五六 一	一二 六
	向	

六運挨星一到山二到向
飛星山順向逆犯下水
向比和吉山生出凶

	山	
九 三 五	五 七 一	七 五 三
八 四 四	一 二 六	三 九 八
四 八 九	六 六 二	二 一 七
	向	

七運挨星二到山三到向
飛星山逆向順犯上山
山比和向生入吉

	山	
三 二 六	七 七 二	五 九 四
四 一 五	二 三 七	九 五 九
八 六 一	六 八 三	一 四 八
	向	

丙山壬

六十

八運挨星三到山四到向
飛星山順向逆犯下水
山尅入向比和吉

二五 七	山 七九 三	九七 五
一六 六	三四 八	五三 一
六一 二	八八 四 向	四三 九

九運挨星四到山五到向
飛星山逆向順犯上山
山比和吉向尅出凶

五四 八	山 九九 四	七二 六
六三 七	四五 九	二七 二
一八 三	八一 五 向	三六 一

九運二十四山向中宮飛星配卦分金表

謹案先生與袁香溪論分金表法係將中宮及山向飛星配成一卦即以此卦爻與先天六十四卦爻互校無反伏吟者用之有則避之飛星逢五則一運寄坎二坤三震四巽六乾七兌八艮九離五運逢五則子午寄坎離壬癸丙丁同卯酉寄震兌甲乙庚辛同巽乾同寄巽乾辰巳戌亥同艮坤寄艮坤寅丑申未同茲將山向中宮每運飛星所配之卦列表如左八國從略學者可例推也

元運　向首　中宮　坐山　五寄宮

子山午向向首先天卦為乾姤二卦夬大過半卦

一	一一 坎	五六 需	九二 晉	坎
二	一三 屯	六七 履	二二 坤	坤
三	三三 震	七八 咸	二四 升	升
四	三五 恒	八九 賁	四四 巽	巽
五	五六 大有	九一 未濟	四五 渙	離坎
六	六六 乾	一二 比	五七 履	乾
七	六八 遯	二三 復	七七 兑	兑
八	八八 艮	三四 恒	七九 革	艮
九	八一 蒙	四九 家人	九九 離	離

午山子向向首先天卦為坤復二卦剝頤半卦

一	二九 明夷	六五 訟	一一 坎	坎
二	二二 坤	七六 夬	三一 解	坤
三	四二 觀	八七 損	三三 震	震
四	四四 巽	九八 旅	五三 益	巽
五	五四 井	一九 既濟	五六 同人	坎離
六	七五 夬	二一 師	六六 乾	乾
七	七七 兌	三二 豫	八六 大畜	兌
八	九七 睽	四三 益	八八 艮	艮
九	九九 離	五四 鼎	一八 蹇	二六 離

卯山酉向向首先天卦為師遯二卦蒙咸半卦

一	一・坎	八三小過	六五需	坎
二	七六履	九四家人	二二坤	坤
三	八三小過	一五解	三七隨	震
四	四八蠱	二六否	九四家人	巽
五	一五困	三七隨	五九噬嗑	兌震
六	六一需	の八蠱	二六否	乾
七	三七隨	七九睽	七二臨	兌
八	八八艮	六一需	の三恒	艮
九	七四家人	七二臨	九九離	離

酉山卯向向首先天卦為同人臨二卦革損半卦

一	六五 訟	八三 頤	一一 坎	坎
二	二二 坤	九四 鼎	六七 夬	坤
三	三七 歸妹	一五 屯	八三 頤	震
四	九四 鼎	二六 泰	四八 漸	巽
五	五九 豐	三七 歸妹	一五 節	震兌
六	二六 泰	四八 漸	六一 訟	乾
七	七二 萃	五九 革	三七 歸妹	兌
八	四三 益	六一 訟	八八 艮	艮
九	九九 離	七二 萃	五四 鼎	三六 離

乾山巽向向首先天卦為履泰二卦兌大畜半卦

一	一一坎	二九晉	三八頤	坎
二	四二升	三一屯	二九晉	坤
三	三一屯	四二升	五三震	震
四	四四巽	五三恆	六二泰	巽
五	五三大壯	六四小畜	七五中孚	巽乾
六	八四漸	七五履	八八乾	乾
七	七五兌	八六遯	九七革	兌
八	一八蒙	九七革	八六遯	艮
九	二七萃	一八蒙	九九離	離

巽山乾向向首先天卦為謙否二卦艮萃半卦

六四

一	八三 小过	九二 明夷	一一 坎	坎
二	九二 明夷	一三 解	二四 觀	坤
三	三五 震	二四 觀	一三 解	震
四	二六 否	三五 益	四四 巽	巽
五	五七 大过	四六 姤	三五 无妄	乾巽
六	六六 乾	五七 夬	四八 蠱	乾
七	七九 睽	六八 大畜	五七 兑	兑
八	六八 大畜	七九 睽	八一 蹇	艮
九	九九 離	八一 蹇	七二 臨	離

艮山坤向向首先天卦為井訟二卦蠱困半卦

一	一一 坎	四七 大过	七四 中孚	坎
二	二五 坤	五八 剝	八二 謙	坤
三	三三 震	六九 大有	九六 同人	震
四	一四 渙	七一 節	四七 大过	巽
五	五八 艮	八二 謙	二五 坤	坤艮
六	三六 无旺	九三 豐	六九 大有	乾
七	四一 井	一四 渙	七七 兌	兌
八	八二 謙	二五 剝	五八 艮	艮
九	六三 大壯	三六 无妄	九九 離	離

坤山艮向向首先天卦為无妄明夷二卦隨賁半卦

一	二	三	四	五	六	七	八	九
四七 大过	二八 剝	六九 大有	七四 中孚	五二 坤	九六 同人	二七 兌	八五 艮	九九 離
七四 中孚	八五 謙	九六 同人	一七 困	二八 剝	三九 噬嗑	四一 井	五二 謙	六三 大壯
一一 坎	五二 坤	三三 震	四一 井	八五 艮	六三 大壯	一四 渙	二八 剝	三六 无妄
坎	坤	震	巽	艮坤	乾	兌	艮	離

寅山申向向首先天卦為未濟解二卦困半卦

一	一一 坎	四九 大过	七四 中孚	坎
二	二五 坤	五八 剝	八二 謙	坤
三	三三 震	六九 大有	九六 同人	震
四	一四 渙	七一 節	四七 大过	巽
五	五八 艮	八二 謙	五二 坤	坤艮
六	三六 无妄	九三 豐	六九 大有	乾
七	四一 井	一四 渙	七七 兑	兑
八	八二 謙	二五 剝	五八 艮	艮
九	六三 大壯	三六 无妄	九九 離	離

申山寅向向首先天卦為旡濟家人二卦賁半卦

一	二	三	四	五	六	七	八	九
四七 大过	二八 剝	六九 大有	七四 中孚	五二 坤	九六 同人	七七 兑	八五 艮	九九 離
七四 中孚	八五 謙	九六 同人	一七 困	二八 剝	三九 噬嗑	四一 井	五二 謙	六三 大壯
一一 坎	五二 坤	三三 震	四一 井	八五 艮	六三 大壯	一四 渙	二八 剝	三六 无妄
坎	坤	震	巽	艮坤	乾	兑	艮	離

巳山亥向向首先天卦為晉豫二卦萃半卦

一	八三 小过	九二 明夷	一一 坎	坎
二	九二 明夷	一三 解	二四 觀	坤
三	三五 震	二四 觀	一三 解	震
四	二六 否	三五 益	四四 巽	巽
五	五七 大过	四六 姤	三五 无妄	乾巽
六	六六 乾	五七 夬	四八 蠱	乾
七	七九 睽	八六 大畜	五七 兑	兑
八	六八 大畜	七九 睽	八一 蹇	艮
九	九九 離	八一 蹇	七二 臨	離

亥山巳向向首先天卦為需小畜二卦大畜半卦

一	二	三	四	五	六	七	八	九
丶丶	四二	三一	四四	七三	八四	七五	一八	二七
坎	井	屯	巽	大壯	漸	兌	蒙	萃
二九	三一	四二	五三	六四	七五	八六	九七	一八
晉	屯	升	恆	小畜	履	遯	革	蒙
三八	二九	五三	六二	七五	六六	九七	八六	[illegible]九
頤	晉	震	泰	中孚	乾	革	遯	離
坎	坤	震	巽	巽乾	乾	兌	艮	離

乙山辛向向首先天卦為小过旋二卦咸半卦

一	二	三	四	五	六	七	八	九
一一 坎	七六 七六 履	八三 蠱	四八 小过	一五 困	六一 震需	三七 隨	八八 艮	五四 家人
八三 小过	九四 家人	一五 解	二六 否	三七 隨	四八 蠱	五九 睽	六一 需	七二 臨
六五 需	二二 坤	三七 隨	九四 家人	五九 噬嗑	二六 否	七二 臨	四三 恒	九九 離
坎	坤	震	巽	兌震	乾	兌	艮	離

辛山乙向向首先天卦為節中孚二卦損半卦

一	五六 訟	三八 頤	一一 坎	坎
二	二二 坤	四九 鼎	六七 夬	坤
三	七三 歸妹	五一 屯	三八 頤	震
四	四九 鼎	六二 泰	八四 漸	巽
五	九五 豐	七三 歸妹	五一 節	震兑
六	六二 泰	八四 漸	一六 訟	乾
七	二七 萃	九五 革	七三 歸妹	兑
八	三四 益	一六 訟	八八 艮	艮
九	九九 離	二七 萃	四五 鼎	離

丁山癸向向首先天卦為屯益卦頭串卦

一	二	三	四	五	六	七	八	九
二九明夷	二二坤	四二觀	四四巽	五四井	七五夬	七七兌	九七睽	九九離
八五訟	七七夬	八七損	九八旅	二九既濟	二盡師	三二豫	四三益	五四鼎
一一坎	三一解	三三震	五三益	六五同人	六六乾	八六大畜	八八艮	一九蹇
坎	坤	震	巽	坎離	乾	兌	艮	離

癸山丁向向首先天卦為衆貳卦大过半卦

壹	貳	叁	肆	伍	陸	柒		
一一坎	三一屯	三三震	五三恒	六五大有	六六乾	八六遯	七九离 丑	
六五需	七六履	八七咸	九八賁	一九未濟	二一比	三二復	四三恒	家人
二九晉	二二坤	四二升	四四巽	五四換	七五履	七七兑	九七革	九九離
坎	坤	震	巽	離坎	乾	兑	艮	離

七十

八天卦為斷蹇二卦艮半卦

一	二	三	四	五	六	七	八	九
	二四 观	一三 解	四四 巽	三五 无妄	の八 蠱	五七 兑	八一 蹇	七二 臨
九二 明夷	一三 解	三五 益	のス 姤	五七 夬	ス八 大畜	七九 睽	八一 蹇	二の 观
八三 小过	九二 明夷	三五 震	二ス 否	五七 大过	スス 乾	七九 睽	ス八 大畜	九九 离
坎	坤	震	巽	乾巽	乾	兑	艮	离

戌山辰向向首先天卦為歸妹睽二卦兌丰卦

一	二	三	四	五	六	七	八	
三八 頤	二九 晉	五三 震	六二 泰	七五 中孚	六六 乾	九七 革	八六 遯	九九 離
二九 晉	三一 屯	四二 升	五三 恒	六四 小畜	七五 履	八六 遯	九七 革	一八 蒙
一一 坎	五三 升	三一 屯	四四 巽	五三 大壯	八四 漸	七五 兌	一八 蒙	二七 萃
坎	坤	震	巽	巽乾	乾	兌	艮	離

七一

未向向首先天卦為巽井二卦盡半卦

一	二	三	四	五	六	七	八	九
七〇 中孚	八二 謙	九六 同人	〇七 大過	二五	九六 大有	七七 兌	五八 艮	九九 离
四七 大过	五八 剝	六九 大有	七一 節	八二 謙	九三 豐	一〇 渙	二二 剝	三六 无妄
一一 坎	二五 坤	三三 震	一〇 渙	五八 艮	三六 无妄	〇一 井	八二 謙	六三 大壯
坎	坤	震	巽	坤艮	乾	兌	艮	离

仲山宅斷 卷上

無錫章仲山原著
钱塘沈竹礽詳註

陰宅秘斷

大中遊

陰宅斷訣計五十二條、自一運至九運。有旺山旺向、又山盤屬星或双到向星、有犯上山下水星、反吟伏吟星、有閉城門。丙子偏。又屬方替卦借合到山到向一局、其各就形氣卦理取斷、並各列圖解、。少氏登易瞭解、

坤三七　兌八三　乾七二

丁向

離一一五　中五六一　坎九二六
　　　　　　　　　　　癸山

巽六五九　震七四八　艮二九四
　　　　　　　　　　　去水

山生出向比和此地坤水屈曲而來。轉
方会震兑艮而消去。

仲山曰。此地發後長房應發秀。次房丁秀大盛。財亦旺。蓋得輔
星成五吉也。

沈氏曰。此地一六八俱到向。又見水光。真合旦星之妙。長房發秀而財不旺者。蓋六為乾屬長。而六官星也故發秀。但用六白金生向上一白水。謂之出生。故財不旺。次房丁秀大盛。而財亦旺者。蓋因双一到向。而坎為中男故也。

二

巽 一一 九（巳卯 水）	离 六五 五	坤 八三 七
震 九二 八	中 三九 一	兑 四七 三
艮 五六 四	坎 七四 六	乾 三八 二（亥山）

楊姓祖坟、亥山巳向、一運科發、下水、山魁出、向比和、此地大龍從坤未、轉庚酉辛方、至丑艮寅而去、脈從乾方落、穴窩結穴乾方有湖巽方有水呈秀

仲山曰、此地葬後、自明至今、科甲連綿。富有千萬。人丁亦盛。蓋天

盤地盤合一四同宮之妙也。

沈氏曰、此地於明万曆間拼塟。当一白正運。局勢宏暢。水光圓亮。龍真穴的。向首地盤是四。而向上天盤是一。向首地卦是四。而山上天盤之一又到四。更得向首合十。入中之卦又一。明至今。富貴不替也。

鄧塘……社……山寅向一運……

上山、山北……向、魁入、此地艮方有大水致

乾北……一方亦有清水照映、

乾 六五 二	兑 五六 三	坤 一一 七（山）
坎 二九 六	中 七四 一	离 三八 五
艮 四七 四（寅向）（大水）	震 九二 八	巽 八三 九

仲山曰、此局初年立寅向不利。至五六兩運大旺丁財。交七運風丁少財退、且主男女淫亂。蓋運不得令故也。

沈氏曰、一白運拼此坎向上有水光鼓反凶危不利。至五六兩運。得乾兌二宮之水。故大旺財丁。交七運向星入中。(向上五星之七入中)乃七入中、一白到向。所謂運不得令也。向上四七主女淫。客星一白到向主男淫。觀此局初拼要不利。及旁氣一遍。即主四十年大旺財丁。學者可以知此取法矣。

石塘湾孫姓祖坟，子山午向，二運扦，犯上山，山比和，向生入，此地庚酉辛方河水大蕩，但坤离巽震復盤辰方消去坎方有大河，並有一条直瀉水當背沖穿穴後。

巽 八五 一	午向 离 三一 六	坤 一三 八
震 九四 九	中 七六 二	兌 五八 四 河水
艮 四九 五	坎 二二 七 子山 大河	乾 六七 三

仲山曰，此坟坐後已合元運，理當速發，坎方之水取其特大也。但

形氣亦不美。一失元運必財丁兩退矣。
沈氏曰、此局大發財丁者。因兩盤旺星到山。坎方有水特大。名曰倒潮。其發最速。天玉經所謂吉神先入家豪富是也。其餘兌離巽之水皆收不起。故祇一元水得元。坎方水甚大。而當背冲來。穴後不美。故一交七運即大敗矣。

五

消水 巽 三一 一	离 八五 六	坤 一三 八
乙向 水外有山 震 二二 九	中 四九 二	兌 六七 四 辛山
艮 七六 五	坎 九四 七	乾 五八 三 山峰

鯉魚山錢莊祖坟，辛山乙向兼酉卯二運扦、犯下水、山向均已和、此地向方有水，陸巽方消去、向上水外有山、乾兌二方亦有山峰挺秀、

仲山曰、此地發、財丁並旺。且當有一寡婦患瞽目，其財富尤大。五六兩運主發科甲。每中必双。七運辛未年當出一詞林，係丙申

年命。但小房恐有絕嗣之歎。九運必退財損丁並有火災。
沈氏曰、此局財丁並旺者、双二到向。而向上水外有山故也。山上飛星二到向。
向到為下水。本不旺。山則水外有山側房到山故但主出聾寡婦者。
因向上是九二。二為寡婦又為土。九為目又為火。其氣為土入於[illegible]
其卦
為地火明夷。故既寡且為聾也。其人亦以尤甚者。向有水之
應也。五六兩運主發科甲者。因山上飛星到乾是五到兌是六。

向山方二皆有秀峰故也。每中必双共巽方消水处得双一同到故也。巽方宫位是四。双一到為四一同宫。此即城門一訣也。丙申年生人。辛未入翰林共。中宫是九二。向上亦是九二。兩二即申。又辛未年九入中。二到山。即所謂太歲臨山。山上飛星到山原是七。七即辛未。又太歲是二。二即未。二七同宫。即辛未也。向上兩二。太歲吊宫是年九入中。七到向。亦即辛未也。中宫運盤是二。七運七入中亦是辛

来。有此四章来。故入詞林也。七運小房主絕嗣矣。因犯上山故也。向上武星到

山上七該一武七運即犯上山

兑爲小女。故應在小房也。上山之凶如此。但若坐後有水則無害也。九運向星入中爲入囚。發損財丁。兩運盤九入中。七到向。武星則雙九到向。向之武星又是七入中。是中宮與向皆七九同度。七九在乙向爲大魁金而並化木。故主大吳。然科甲不替。因巽方城門仍得同宮之妙。

六

巽 六七 一	丙向 離 二二 六	坤 四九 八
震 五八 九	中 七六 二	兌 水兌 九四 四
艮 一三 五	坎 三一 七 壬山	乾 八五 三

孫姓祖坟壬山丙向、二運扦、犯下水山生入向比和、此地向上見水、兌方有水放光、

仲山曰、此局初年甚利。但財氣不大。失運後。必主困窮破財也。

沈氏曰、此局旺星到向而向上見水。故甚順利。而財氣都有限也。兑方多大放光。運盤是四。四巽也。巽木尅中宮之坤土。此兩四一九。書曰四九為友。而四九為陰神。故一失運。即主困窮破財也。

章姓祖坟、壬山丙向、二運扦、犯下水、山生入向、比和、此地向方有水朝迎、穴外有山遠降、

七

巽 七 六一	离 二 二六（丙向 水）	坤 九 四八
震 八 五九	中 六 七二	兌 四 九四
艮 三 一五	坎 一 三七（壬山）	乾 五 八三

仲山曰、此坟發財丁兩旺。但主家主不壽。又出生寡婦。失運仍

多被僧尼耗財。

沈氏曰、此局財丁兩旺也。旺星到向。向上得水。且水外有山故也。但六爲乾金。向上双二加於運盤之六。土重埋金。故家主不壽。並出寡婦也。二爲坤爲寡宿故也。失運時多被僧尼耗財也。因二亦爲尼姑之類故也。

八

巽 三一 一 橋水去	離 八五 六	坤 一三 八
震 二二 九 卯向 水	中 四九 二	兌 六七 四 酉山 來水
艮 七六 五 水	坎 九四 七 水	乾 五八 三

稚推祖坟、酉山卯向、二運扦、犯下水、山向均比和、

此地穴後是低田、兌方水遠來、從乾坎震至

艮關岩、巽方有橋、水從橋下消去、

仲山曰、此地葬後大發財丁兼出秀士。且入泮必双。不免有寡婦瞽目之人。

沈氏曰、此局大發財丁者。双二到向。向上有水坡也。入泮必双者。城內在巽。双二到也。一四同宮本主科甲。因龍力不强。但出秀士耳。此美中不足也。並有寡婦瞽目之人者。以向上二九同宮故也。

裏桂社坟、未山丑向、二運挤旺星到山到向、山向均比和、此地坤方有城樓、兑方有河兩洋、由乾坎艮震至巽方石橋下洩去、

巽 九六 一 清水	離 四一 六	坤 二八 八 城樓 未山
震 一六 九 水	中 八五 二	兑 六三 四 河有闌屏
艮 五二 五 水 丑向	坎 三九 七 水	乾 七四 三 水

仲山曰、此坟葬後長子因發傷足。次子兑先兵丁而後致富。

沈氏曰、此旺局山旺向、本無不利。但辰方有石橋高聳、向上到巽

是六。六為老父。山星到巽是九。九為中女。六九同宮非正配主女姦淫。乾方有水。運盤到乾是三。山星到乾是七。其象為兌金尅折震足主傷足。而乾屬長男。巽為長女。皆應在長房。故主長子因姦傷足也。又兌方開洋。以聯珠法推之。向星是三。三七合十。為進神水。主財富。山星到兌是六。且六為武曲。六七同宮。又為交鋒之象。而兌[illegible]元兌與丁而後致富也。

為少女故應在次房[illegible]次

十

錦棚橋陸氏祖坟、酉山卯向、二運扦、下水山、向均比和、此地乾坤艮巽四維皆水秀圍亮照穴有情、水外皆秀峰、早主有如文筆、

水外秀峰 乾 八 五三	坎 四 九七	水外秀峰 艮 六 七五
酉山 兌 七 六四	中 九 四二	卯向 震 二 二九
水外秀峰 坤 三 一八	離 五 八六	水外秀峰 巽 一 三一

前五八兩
周向首
內二九同
宮兩數出
寥兩聲
今在二九秋

仲山曰此坟扦后。大發財丁並出名儒。五運末必損退丁口以艮

問為何又不新出字號而聲似慶欺人

方之水被填實故也。

沈氏曰、乾坤艮巽方有約。為四庫所閑。又為四約朝陽。本三元不敗之地。況四方約外有山。而且秀拔文筆。其力更大。又双二到向。旺星照穴。所以大發財源。而且二為坤為文書。所以兼出名儒也。惜年五運艮方填實。不免損丁之弊。蓋五運後十年已過穴氣。艮方穴到填實處。名曰約裡龍神上山。安得不損丁乎。

錢狀元茶山祖坟、丑山未向、二筆逆排、旺星亦到山、到向山向均比和、此地左右兩砂環抱有情、坤峰高遠秀麗、未方有大湖、離方水圓如鏡、近在穴傍、

巽 九六 一	水光照穴 離 四一 六	大湖未向 坤 二八 八
震 一七 九	中 八五 二	兌 六三 四
艮 五二 五 丑山	坎 三九 七	乾 七四 三

仲山曰、此清貴之地也。丙子庚子生人應登科甲。茶山庚子年生。有丙子生人、少年登科不壽。

沈氏曰、此地兩砂環抱。朝山秀麗。左有蕩水。前有大湖。如許
盤旋自然清貴。蕩水光圓照穴。天玉傳云。以水之照穴有情
處為城門。而蕩方挨星是穴。穴為龍戌收。一平。二到賣錢
旺。即城門一訣。況又四周寬。故必發科甲。
本兌敗庭在庚方年命。但分金庚子正兩兩丁

偏

八

十二

巽二 六二	離六 一七	坤四 八九
震三 七一	中一 五三	兌八 三五
艮七 二六	坎五 九八	乾四 四四

乙向 水朝

墩外高峰

純雜相扶，單山乙向，三運替旺，星下水山，到向，山向均趁出，此地兌方有水照亮照，暗拱，卯方有水在向照暗，坐山高墩，墩外有一峰高聳。

仲山曰，此墳即發即發，惟財旺而丁不旺。一交七運，二房犯官

二房由何

而說實不明

訟不休。且房房主損女口。蓋兌為少女又為口舌故也。

沈氏曰、此局旺星到向。且又得水。故印發即發。山上旺星臨水。故丁不旺也。艮方是七。不但無水。且見墩峰。交七飛上（坐山）。而此方二七大同宮。六為官星。七為口舌。甲子年太歲七入中。一到艮。金生水為生出。主官訟破財。丁卯年太歲四入中。七到艮。七赤乘達。再主口舌官訟不休也。又七赤上山。而兌為少女。故主損女口也。

卅三

坤 二 四九	離 丙四 水 四 二七	巽 九 六二
兌 六 水 九五	中 八 七三	震 一 水 五一
乾 七 八四	坎 三 三八 壬 水	艮 五 一六

錢塘魯斯占祖坟、丙山壬向、三運葬、犯下水、山魁入向比和、此地落坪闊窩、甲庚壬丙四方皆有水、

仲山曰、此局甲庚壬丙方有水光、天罡辰戌丑未四支加臨于甲庚壬丙四干位。主出神童。蓋山挨七為庚。向挨八為丑。山飛二到山

為未。三到向為甲。九到庚為丙。七入中為庚。向起二到向為甲。四到山為辰。六到庚為戌。一到甲為壬。是辰戌丑未加臨于甲庚壬丙也。

沈氏曰、寶照經云、甲庚壬丙最為榮。下後兒孫出神童。又云穴是窩鉗脈到宮。此地平洋閩窩。又得甲庚壬丙水處。合天玉寶照之法。况天卦向得旺星。又得向上丑甲俱到。山上庚未辰俱到。震方丑甲俱到。兌[illegible]戌丙庚俱到。[illegible]一運六至出神童[illegible]也。

十四

坤一八九　兌六四五　乾五三四　亥向

離八六七　中四二三　坎九七八　大河水

巳山　巽三一二　震二九一　青峰　艮七五六

年姓祖坟、巳山亥向。三運扦、犯上山下水、生丁山出、向趕入、此地甲卯來龍、轉巽巳入首、明堂田原水、從兌方到向、坤方有大河水來、至穴前闊岸陞、戌乾消出、下砂緣抱有情、唇下見樞有缺卸方一峰秀拔、朝山主屏闊面。

仲山曰、此局上山下水、葬後長房平平。二房少丁。因震方之山峰。山之飛去星到此是九。九為離為中女。而此方有山無水。故二房丁少也。

沈氏曰、此地大運依原向復産。大發財丁。雙六到向故也。但向上是七為口舌。山要到向是六飛伏吟。又為官司。故多訟。缺唇在兌。故出缺唇之人。七運向星入囚主損丁財。惟功名不替。蓋原向要星四到艮。一到坤。至七運七盤一到艮。四到坤。兩處皆得一四同宮。故仍發科名也。

十五

坤 八一 九	兌 四六 五 水光	乾 三五 四 向亥
离 六八 七	中 二四 三	坎 七九 八
巽 一三 二 山巳	震 九二 一	艮 五七 六 山塞水口

任姓祖坟、巳山亥向三運扞、犯上山下水、山生出向、對出此地龍從巽方入首、白虎砂環抱有情有力、青龍畧岩峻、兌方有水放光、坎方有小河横過、艮方有山塞水口、

仲山曰、此坟葬後長房不利。餘房平平。六運二三房大發財丁。七運主多官訟。且財氣大退。至九運又當起色。

沈氏曰、此局初年主長房不利者。因震卦上山下水。震為長男。故應在長房也。至六運二房大發財丁者。取兌方之所得元也。理似主長房。但至此長房已絶。故發二房也。七運主多官訟並主退財者。因艮六七同宮。又為山塞故也。九運復有起色者。因坎方是九。又有水挾照。而得一九合十故也。此地於四運與原向立碑修築改。長房[illegible]一[illegible]六運長房則敗絶。二房即發財丁。七運二房財氣亦旺，至八運則平平矣。蓋四運向星之四到山，六到向，並犯伏吟，而四為巽為長女，六為乾亦爲長，故主長房敗絕也。又因山上飛星二到向，與六白同宮，故二房財氣亦旺丁並發也。七運兌方有水。兌宮又是七，而七為少女，故二房舊財氣亦旺。但兌方仍是七六同宮。六為官，七為口舌，故仍多官訟。至八運因艮方有山不通旺氣。故只平平也。此局本山顛水倒。登特非吉。而能如此發達者。因龍真穴的。四運坐碑之成。龍得旺氣。又武星之到山到向者得四六合十故也。

附前局四運坐碑修築圖

巽 四 三	離 八 九 八	坤 六 二 一
震 三 二	中 三 五 四	兌 一 七 六 水
艮 八 七	坎 七 一 九	乾 二 六 五 亥向

稽中堂祖玖子山午向兼壬丙、三運杼山飛星閑替入中順布借合旺山旺向一局、山魁出向魁入此地乾亥來龍轉坐入首、艮方有蕩水、坤方之水曲至离方大闊洋、由巽方消去、巽方是低田、結穴亦

乾六八四	兌五九五	坤一四九（水）
坎二三八（子山）	中七七三	离三二七（高）
艮四一六（蕩水是低田）	震九五一	巽八六二（闊洋）

仲山曰、卯山酉向、酉源水合江而全局。初葬不能發。六運大發富貴也。

沈氏曰、此局旺星到向。山閑替、七入中順佈、旺星到山、而离方開大洋。

故曰卯山卯向卯源水也。況逢與向合十為再吉。又艮方高水得一四同宮。安得不大發富貴乎。初於不能發。必至六運始大發者。蓋以西卦而兼地元、收貪狼。不當正運。旁偏涵蓄。力不專。故遲也。六運客星貪狼到向。水能生木。自然富貴驟興。非若他宮一卦來時催官暫發之比也。

十七

巽 八 / 二 三	離 三 / 六 八	坤 一 / 四 一（申山）
震 九 / 三 二（清水）	中 七 / 一 四	兌 五 / 八 六（河）
艮 四 / 七 七（大河）（寅向）	坎 二 / 五 九	乾 六 / 九 五（高屋）

庚雅祖坟申山寅向、四運排旺星到山、山生入向、趕出此地、龍從離方來、由坤入首、方有河、乾方有高屋、艮方有大河、從震方而去、

仲山曰、此地寅葬卯背。地運六十年。旺在次少兩房。七運傷丁退財。兼多血症。亦應次少兩房。長房甚不發亦不敗。

沈氏曰此局旺山旺向。向上有大水故速發。至七運向星入囚。
故損丁退財。又中宮七一同宮。七運向上運盤是一。飛星是七。亦
七一同宮。七為少男。一為血。向上大水。即變為血。故多血症。其衰
旺與衰廢皆應次少兩房者。因向上一所臨是七。水口所臨是九。
七為少。九為仲故也。乾宮六。飛星亦是六。犯伏吟。且有高屋

十八

	大湖	大湖	大湖
收山	巽 三　五 二	離 七　九 七	坤 五　七 九
水近穴	震 四　六 一	中 二　四 三	兑 九　二 五
	艮 八　一 六	坎 六　八 八	乾 一　三 四

戌向

嚴採花祖墳辰山戌向三運扦甡屋到山到向山克出向生出此地由艮方高峰落脈吐唇十余丈左右砂緊夾護抱卯方水黏近穴傍巽離坤三方有大湖大湖外有山乾方有峰秀美挺拔惟失峰稍斜主人云塋此地時地師云可惜狀元峰不正他年只中採花郎

仲山曰此地師之託詞耳其實出桃花者非关于峰之正與不正乃由一四同宮稍偏之故也主人問挨星何以偏斜仲山笑而不答

沈氏曰一四挨星偏斜者以運星之四到向而非向飛星之四到向又一星之到向者乃山上之一而非向上之一故也校只此耳

十九

开洋　庚向　大河　甲山

巽 三七 三	离 七二 八	坤 五九 一
震 四八 二	中 二六 四	兑 九四 六
艮 八三 七	坎 六一 九	乾 一五 五

水停聚　内堂水

庚姓祖坟甲山庚向四迢拱旺星到山到向，山克出向生入，此地大龙从艮震来，甲落脉结穴，内堂壬水聚蓄团明如镜，亥方停聚成乾方开洋，辛酉峡穿而细，庚酉方又开洋，再转至坤未方出大河，又开洋如镜，故発。

仲山曰此地前盤极矣又开得处合得天卦旺神寧有不大发財富

主理有言内堂金水发科甲財不到百万不止者不知功名呈以

[illegible]山定城门此地主富而贵次也科甲之説乃胡猜也

沈氏曰此地水流屈曲归库又得开得极完之妙且水到水山到山故主

大富惜乎地运太短（四至六故短）一交六运向星入中而退財损丁至

九一两运始略有起色因九一两运得坎坤两方有水故也

二十

巽 六 九 三	離 二 五 八	坤 四 七 一
震 五 八 二	中 七 一 四	兌 九 三 六
艮 一 四 七	坎 三 六 九	乾 八 二 五

來山 高峰 大河 水合去 橋 水 水 丑向

馮姓祖墳，未山丑向，四運折，犯上山下水，山魁出，向生入，此地乾方有橋，水從橋口來，橫過壬子癸至丑艮寅三叉而去，甲卯乙有大河，再至丑艮寅方合三叉消去，巽方有一高峰，仲山曰、此坟壬丙初年不利。五運大發財丁。六運官訟不休。七運則不可救矣。

沈氏曰、初年不利者。因犯上山下水故也。五運大發財丁者。因震方有大河而震方是五故也。六運官訟不休因而破財者。因巽方是六。而巽方有山閉塞。且官星高聳故也。至七運向星入囚。則不可救矣。

二十八

能田 酉山

水去 石橋 巽 五一 三	離 二六 八	坤 三八 一
卯向 水 震 四九 二	中 六二 四	兌 八四 六
艮 九五 七 水	坎 二七 九 水	乾 七三 五 水

施姓祖坟、酉山卯向、四星打劫、上山下水、山魁入、向星出、此地坐后有低田、兑方遠水經乾坎艮震至巽巳橋下消去、穴前有池、

仲山曰、此局山顛水倒本不吉。因龍為旺龍。又中宮與坐山合十故發財丁。惟老出寡婦。五七皆好。六運平平。而巳巽方水口秀。發不替也。

沈氏曰、酉山旺星六、地盤七。名比和故曰旺龍。向上旺星到山。坐後有低田遠水。又得中宮四六合十。故發財丁。向五運是二。二又入中故出寡婦。此攷傍氣甚遁。發必久遠。運盤五到乾。向盤五到艮。乾艮有水。故五運佳。离方是六而無水。故六運平平。坤方是七而有水。故七運又佳。巽方一到。地盤是四。得一四同宮。故科發不絕。惜有橋相中。[illegible]

巽一七 三	離（丁山）五三 八	坤三五 一
震（水）二六 二	中九八 四	兌七一 六
艮六二 七	坎四四 九（癸向）	乾八九 五

錢姓祖墳、丁山癸向、四運扦、犯下水山、尅出向比和、此地向上見水、獨甲卯乙方有水照穴。

仲山曰、此墳塟後日暫起色。六運必出名医大興家業。七八兩運僅得平平。九運主敗且病。家門不潔也。

沈氏曰、壓日日。暫起色丁。甲卯乙方有水故也。甲卯乙旁之。飛運盤
是二。山盤是六。向盤是二。有此双二一六。故主六運出名醫與家。兌方
是七。乾方是八。此方既衰氣。又氣止。故七八兩運僅得平平。九運主
敗丁。向星入囚故也。又因向上四九為友。為陰神。而九運運盤五黃、
到向。故主家不潔也。

廿三

巽 九 八 三	離 四 四 八（高地 丙向）	坤 二 大一（高塔 十水）
震 一 七 二	中 八 九 四	兌 大 二六（水暑大雨聚）
艮 五 三 七（水口）	坎 三 五 九（水 壬）	乾 七 一 五（水）

談姓祖坟、壬山丙向、四運扦、犯下水、山龍入向、比和、
此地未方有高塔、坤申有十水、兌乾水暑大雨聚、
由坎至艮消去、離方有高地、艮方有屋壓、

仲山曰、此地四房者發。一房偏枯。為長房損少年丁。

沈氏曰、四房齊發者。孟仲叔季卦理各得也。惟未方之塔。山上飛星是六到。六爲乾屬長。艮方之屋。山上飛星是三到。三爲震爲長男。向上山飛星四到。是下水。四爲巽爲長女。故所應皆在長房。而艮方地盤是七。七爲兌爲少女。被屋壓迫。故損少年也。

鄭姓祖坟、乙山辛向、四運扞、犯上山下水、山生入向尅出、此地卯方有大墩、乾方有蓋屋落水、陡見方屈曲消去、亥壬方有深水、坎方有池、離方有遠高山、

坤 八三 一	兌 八四 六（辛向 世）	乾 七三 五（蓋屋落水 深水）
離 一六 八（遠高山）	中 六二 四	坎 二七 九（池）
巽 五一 三	震 四九 二（乙山大墩）	艮 九五 七

仲山曰、此坟葬後損丁出寡。五運財氣大旺、六運即退。七運甲子乙丑兩年必損丁口。蓋乾方多栽竹木蔽之。或可免也。

沈氏曰、此局四入中。二到山。山不得時。作衰論。二上山主出寡母。主損丁。惟乾方之水有五到。故五運財氣大旺。六運向星入囚。六爲乾金入魁罡木。又運盤客星八到向。安得不退財乎。七運乾方之五去已久矣爲死氣。以損丁。甲子乙丑太歲六入中四到山爲上山。甲子乙丑太歲七入中。兌金入魁罡木。損丁無疑矣。于乾方多栽竹木可免矣。蓋爲掩蔽五黃之煞氣也。

二十五

坤 八三 一	兌 辛向 八四 六 （明堂水）	乾 三七 五 （外堂大水）
离 一六 八	中 二 四	坎 二七 九 （大河冲腰）
巽 一五 三	震 四九 二 （乙山）	艮 九五 七

徐雅祖墳、乙山辛向、四運扞、犯上山下水、山生入向、尅兌出、此地龍從辰方轉甲入首、巽巳界水、壬兌方明堂有水、戌乾亥方有大河、子癸方有大河直長冲腰、

仲山曰、此墳葬後財丁均不旺。且主長房多出孤寡。

沈氏曰、此局犯上山下水。財丁自當不旺。巽氣失令。長房自多孤寡。且坎方有直河冲腰。而此方是二。二為寡宿。亦應長。四運木尅土。應於長房。尤為的當。或云、此仍有補救。乙山辛向、三五七運當旺。一交旺運。可依原向建碑修築。自然財丁兩旺。且免孤寡之弊矣。

二十六　水直來

巽 一七 三	離（向丁） 五三 八	坤 三五 一
震 二六 二	中 九八 四	兌 七一 六
艮 六二 七	坎 四四 九（高田、癸山）	乾 八九 五

黃姓祖坟、癸山丁向、四運扦、兆上山、山比和、向趕入此地由坎方高田唇脈、前面低田、兌方水直來、

仲山曰、此坟扦後十餘年。財丁不旺。而長房尤甚。且有血症之人。

又七運。更有服毒亡身者。

沈氏曰、此局四綠上山。主長房不利。兌方七一同宮。主血症。且兌方運星是六。飛星是一。七運七入中。九到兌。互得山上四綠帶來木生火。火尅金。書曰、我尅他而反遭其辱。因財帛以亡身。四綠九紫六白又相尅煞。是以服毒自戕也。

二十七

乾 一七 五	兌 二大 六	坤（池） 六二 一
坎 五三 九（壬山）	中 九八 四	離 四四 八（丙向）
艮 三五 七	震 七一 二	巽 八九 三

趙姓祖坆、壬山丙向、四運扦、水下水、山龍入向、此和、此地龍從乾亥來、轉坎入首、左右兩砂環抱有情、穴前不見水、惟坤上有池圓亮放光、

仲山曰、此地亟及財氣平常。坤水主出老寡婦。交八運必當出

一書腐小兒也。

沈氏曰、此坎向上第無明堂也。祗有旺星到向，不過平常。况坤上之池，天卦二，克地卦一。坤二為寡宿，為老母，故主出老寡婦。八運向星入囚，本不利。但向首四為文曲，八為少男，以文曲木剋八白土，故主出書腐小兒也。此以向首斷之也。

蔡姓祖墳、庚山甲向、五運；犯上山下水、山星出、向星乾，此地從戌乾來龍，對庚入首，未午巽卯四方皆有水、消於艮五里湖，坎方亦有水，向五里湖消去、

水 巽 六二 四	水 離 二七 九	水 坤 四九 二
甲向 水 震 五一 三	中 七三 五	庚山 兑 九五 七
消水 五里湖 艮 一六 八	坎 三八 一 水	乾 八四 六

仲山曰、此一白龍配六白水，財貴兩全之地。然初葬不利，退財損丁。至六運財漸旺。戊辰巳巳乃當運提發貴矣。

沈氏曰、此局上山下水。何以云財貴兩全。蓋独取艮方丑里湖為城門。艮換八、入中逢飛五到艮為城門一吉也。又山飛星之一到此為一白龍。向飛星之六到此為六白水。故主財貴也。七運客星七入中一到艮。戊辰太歲三碧入中六到艮。是一白重逢六白。己巳太歲二里入中四到山。九到向。一到巽。山與向得四九為友。巽方又得一四同宮。故吉。提發貴也。

二十九

水
坤七二三　兌二六八（庚山水一）　乾三七七

即前攷、於大蓮附墊旺星到山到向、
山向皆生入

水
離九四一　中四八六　坎八三二水

仲山曰、六運附墊伐。大發財丁。

巽五九五　震大一四（甲向水）　艮一五九（五里湖消水）

兼發科甲。

沈氏曰、大發財丁者。旺山旺向也。龍從乾方來。乃地盤之六。坐山乃旺星之六、皆為六白龍。五里湖放光。艮方去一即一白

乙巳辰戊之

六運甲辰乙巳卯七運

所故仍是六白龍配一白所而主發科甲也。戊辰年坐太乙

是四吊正中宮之四、年白九紫入中。一白到奎星加臨龍上。八

月（月）白是七赤入中。一白到艮。奎星加臨城門。故中元巳坐太

乙亦是四吊正中宮之四、年白（八）入中。九紫到乾。一白到山。故連

捷也。登科甲、壬戌（甲午）年命。因龍從戌來（乾）。戌犬也。乾為馬午也。故

三十

內堂水 辛向

外堂大水

坤 一六 二	兌 五一 七	乾 六二 六
離 三八 九	中 七三 五	坎 二七 一 大河冲腰
巽 八四 四	震 九五 三 乙山	艮 四九 八

毛姓祖坟、乙山辛向、五運排旺星到山到向、山生入向、起入此地巽龍轉庚入首、巽巳方界水、兌方有內堂水、壬癸方有大河冲腰、戌乾方有大水、外堂乾兌兩方大水、

仲山曰、此坟排從財氣暫旺、山臨五黃主丁少、坎方河冲腰主出寡婦。

沈氏曰、癸向財旺者。旺星到向。向有大水故也。旺星到山。本主丁多。但山上運盤是三。旺星是五。爲木尅土。中宮本是木尅土。故丁少。坎上是一白。向星到是二。爲土尅水。一爲中男。二爲寡婦。即犯尅煞。又有直水冲橫動。定出寡婦多疑。若無水冲。雖二一同宮亦無害也。至七運向星入囚。即敗矣。

三十一　高山而迫

坤 一 大 二　兌 一 五 七 酉向　乾 二 大 六

水 離 三 八 九　中 三 七 五　坎 二 七 一

大水 巽 八 四 四　震 九 五 三 卯山 池　艮 四 九 八 大水

仲山曰、此坟犯伏大王淫乱。

徐姓祖坟、卯山酉向、五運犯旺星到山到向、山生入向、尅入、此地離方有水、巽方水特大、艮方亦有大河、卯方有小池、兌方之山高而迫、沈氏曰、此局旺山旺向。扦戌当旺。而反見不吉者。因兌方山高而逼壓。
旺氣不通故也。乾為主為夫。六到乾位犯伏吟。故家長不管家
了。九坐到山。九為离為中女。故主拜人撐椛。卯方水池是九五。艮
方是（大水）四九。巽為長女。生此慾大。書云、陰神滿地成群。紅粉場中
空快樂。故主淫亂也。

伊姓祖坟、癸山丁向、五運扦、旺星到山到向、山尅入向生入、此地巽方有溪水、從離橫過、至庚酉辛消去、巽方且有一牌坊、

水 坤 三四 二	兌 七八 七 水。	乾 八九 六
丁向 水 離 五六 九	中 丸一 五	坎 四五 一 癸山
溪水 牌坊 巽 一二 四	震 二三 三	艮 六七 八

仲山曰、此坟扦後大發丁財。但無讀書人耳。六運平平。七運又大發。然多雀訟口舌也。

沈氏曰、大發財丁共旺星到向。向上又得所故也。巽方本一四同宫。又將坊高起。理應發貴。但因地卦二魁天卦一。故不產讀書人。穴逢平年共。艮方氣所故也。七運又發共所屈曲出見方故也。但七為口舌。又巽方之牌坊。運盤六到。六為官星。故多官訟也。此坟東首有穴相連。山向同運相同。塋內亦大發。推出一子兩女病瘏。因見宫向二八。二為少女、八為少男。蓋一犯落空。乃產亦屢千里也。

三十三

水外秀峰 巽 二一 四	丁向 水 離 五九 九	水 坤 四三 二
震 三二 三	中 一九 五	兌 八九 七 水
艮 七六 八	坎 五四 一 癸山	乾 九八 六 水去

華姓祖坟、癸山丁向、五運排莊、星到山到向、山龍入向生入、此地巽方有水來至乾屈曲而去、巽方水外有秀峰、

仲山曰、此局扦後大發財丁。並主科甲。至七運當出刑名官。

沈氏曰、大發財丁者。旺山旺向。向上有水故也。主科甲者。巽方來水。得一四同宮。水外又有秀峰挺拔。雖有二里間到亦不爲害也。艮方是六、而此方來水。故六運平平。兌方雙七加臨。水又由此屈曲消去。故七運主發刑名官、位至三品。此亦城門一訣也。

某姓祖坟癸山丁向、五運排旺星到山到向山尅入、向生入、此地向方有水流至巽方消去、兌方有尖峰、

坤 三四 二	兌 七八 七	乾 八九 六
离（丁向）五六 九	中 九一 五	坎 四五 一（癸山）
巽 一二 四	震 二三 三	艮 六七 八

日

尖峰

仲山曰、此坟葬後主發財丁。但必有兩女一子病瘖。

沈氏曰、主發財丁也。旺山旺向向上有水故也。主出兩女一子痴瘖

也。兌為口舌。而双七臨兌。七為少女。故主二女。又山星之八到兌。八為

少男。故主一子也。此地必因龍力薄弱。或非專旺。故不能發貴。居

則坐山與城門皆得四一同宮。加此湊合。寧有不青（書）氣奕（奕世）盛者

乎。

三十五

巽 八九 四	離 四五 九（丙向）	坤 六七 二（水光）
震 七八 三	中 九一 五	兌 二三 七
艮 三四 八	坎 五六 一（壬山）	乾 一二 六

周姓祖坟、壬山丙向、五運拼犯上山下水、

山生入向尅入、此地坤方有水光照穴、

仲山曰、此坟初墾不利。六運大發丁財。八運長房敗絕。

沈氏曰、此局初年不利者。犯上山下水故也。坤方是六而有水故也。故六運主發丁財。八運向上飛星七到丙。七赤金尅四綠木。四爲巽爲長女。故一交八運。長房即退財損丁。至丁亥年太歲二入中六白到向重見金尅巽木。則長房絕矣。

三十六

未向 坤五二五 兌九六七 乾一七六 水

離七四九 中二八五 坎六三一

仁廟 巽三九四 震四一三 艮八五八 丑山

徐姓祖坟、丑山未向、五運挨得旺星到山到向、山向皆比和、此地乾方有水開岩、巽方有仁廟、

仲山曰、此坟挨得富貴双發。六運中鄉榜。五人生一神童。幼年登科。未壯吐血而亡。八運財氣甚大。但科名已替。長房且大淫亂。

沈氏曰、此局旺山旺向。中宮是五。向上是五。而山上亦是五。山向合十。中宮亦合十。故大發財丁也。巽方红庙四九為友。乾方之分一六同宮。是以發科甲也。山上旺星是五。故中五人八運全盤合十。所以財氣大旺。但八白上山艮方氣一四。故氣助名。巽方客星七到。兑金尅巽木。且红庙高聳。又見三九。三為賊星。九為慈大。以慈大之女。與賊星之男同居。豈終免於淫亂乎。而巽為長女。故應在長房也。

陳餘大祖墳、乙山辛向、六運扞、犯上山下水、山向均生出、此地戌乾方有濱水、至兌方闊大、由坤方消去、艮方另揷一濱水直射穴體成、

三十七

巽 七三 五	離 三八 一	坤 五一 三 水口
震 大二 四 乙山	中 八四 六	兌 一六 八 辛向 水
艮 二七 九 濱水 射穴	坎 四九 二	乾 九五 七 濱水

仲山曰、此墳不得旺山旺向、凶多吉少。扞後一敗如灰。且兩青春寡居者其人夥矣。

沈氏曰、此局艮方有一溪水直射穴后。到艮宮之星是二七。二寡宿也。七少女也。山上是六。六白是老男也。而局犯下水。故主傷男而出寡婦也。又來水是五。去水亦是五。五為廉貞作火論。而向上是一水去尅火。且犯上山。故葬後一敗如灰也。故必看龍氣。如氣足之地。雖丁財兩敗。而功名可許。蓋乾巽二方有水。乾方是九。九為文明。巽

卅八

山陡高 巽 二一 五	清水 丁向 離 六六 一	水 坤 四八 三
山低跌 震 三九 四	中 一二 六	水 兌 八四 八
山岡 艮 七五 九	坎 五七 二 癸山	澗水 潤 乾 九三 七

鄭雅祖坟、癸山丁向、大運拼犯下山、山生入向比和、此地由癸丑艮高山出脈、乾方澗水声响、從兌坤流至離方、艮方枝出一条山岡、至卯方低陷止於巽方形復高起、

仲山曰、此坟座後得旺星照穴。又得向方有水。尚卜平順。一交七運。死損丁出賊。且犯血症。盖損丁共廉貞大並臨故也。出賊共破軍全失陷故也。

沈氏曰、此局旺星到向。午方有水。故初年順利也。七赤氣不通。穿砂形且惡。山星又是七。故七運損丁出賊。而所出之賊又是本家也。山上二五交加。又二七同度。七爲口舌。康大色紅。故主吐血也。八九兩運得乾兌之水應順利。但盜禍終難免。以艮方穿砂形惡故也。

卅九

坤（支水暗） 八五 三	兌（低田） 四九 八	乾 三一 七
離（丙向） 六七 一	中 二二 六	坎 七六 二（壬山）
巽（高田） 一五 五	震（水去） 九四 四	艮（历） 五八 九

周雅祖坟，壬山丙向兼亥巳，大運扦向，起星用替，
順佈借令旺山旺向一局，山向均比和，此地龍從坎
方低山穿田至河口，兌方有低田，分清脈氣，坤方
有支水暗來，穴前不見，辰巽巳三椏高田為水光，
坎方有阿閣岩，由艮至震消去，

仲山曰、此應是狀元地。但朝山遠而不秀。巽方又無水光。所謂狀元峯不秀。貪狼方無水。直富而已。恐小功名亦難得也。

沈氏曰、此局用替卦。向上飛星是一。一即壬挨巨。乃不用一而用二入中。向上得一也。此仲山所以許為狀元地也。然巽方一白高田無水。朝山遠而不秀。故言小功名亦難得。僅富而已。若朝山秀麗巽方又有水光。此即六白秀峰配一白水。寧有不中狀元之理乎。

巽 一 二五	離 六 六一（高山 午山）	坤 八 四三
震 九 三四	中 二 一六	兌 四 八八
艮 五 七九（消水石橋）	坎 七 五二（水 下向）	乾 三 九七（石橋水來）

胡姓祖墳，午山子向，六運扦葬，上山，山比和，向生出，此地離方有高山，乾方有石橋，乾方水來，由向上流至艮方消去。

仲山曰，此地墓氏必損丁，而且敗盡祖業。

沈氏曰、此局旺星到山。坐段又有高山。補段應旺人丁。但乾方所來是三九。且有石橋相冲。向上是二五交加。且五七同度。艮方去所是五七九。亦有石橋相冲。此三方大忌。故反損丁也。又向上是有聚水。而旺星已上山。故損財業也。

四十一

巽 五九 五	離 九四 一	坤 七二 三
震 六一 四 甲向	中 四八 六	兑 二六 八 庚山
艮 一五 九 水光 寅峰独起	坎 八三 二	乾 三七 七

陳姓祖墳、庚山甲向、六運扦、旺星到山到向、山向均生入、此地寅峰独高聳、艮方有水放光、

仲山曰、此地扦後世代書香。三元不敗。但一交八運。必損丁退財。且出盜賊。

沈氏曰、此局旺山旺向。又得全局合十。此仲山所以許為吉代書矣、三元不敗也。八運丁退財者、八白方失令、旺氣不通故也。出盜賊者、八運換星二到寅。山上飛星五到離。是寅方之探頭峰在陰位故也、然艮方是五一九同宮。而一為中男。九為中女。故出盜之應。又必在二房也。

孫姓祖坟、癸山丁向、六運扦、艳下水、山生入向比和、此地午方有壩水、水声震耳、從未坤申特至庚酉辛間大曲二字成湳消去、

乾 九三 七（水口）	兑 八四 八（水）	坤 四八 三（水）
坎 五七 二（癸山）	中 一二 六	離 六六 一（壩水 下向）
艮 七五 九	震 三九 四	巽 二一 五

仲山曰、此坟塟後財丁大旺。惟子孫多有頭暈病。七運至八運財丁更大矣。

沈氏曰、此局双六到向。向上有逆水。故財旺。山星六到向爲下水。然双六比和。故丁亦旺。向上旺星是六。六爲乾爲首。露水澗動。故主頭眩。且山上龍神下水。亦主外症也。坤上之水是四。兌方大水是四八七赤金。尅四綠木。我尅他爲財。又八白土生七赤金。故財大旺。艮方之泉水。故七運平平。兌方有大水。故八運財更大也。

四十三

水
坤 一二 三　兌 五七 八　水遠來　乾 六六 七　湖水
離 三九 一　中 七五 六　坎 二一 二　水口
山望
巽 八四 五　震 九三 四　河溪水　艮 四八 九

乾向

金姓祖墳、巽山乾向、六運遷葬、犯下水、山龍入向、比和、此地巽龍入首、向上湖砂犯殺、坤方有砂、兌方有遠水來合出於坎、震方有河溪水、

仲山曰、此地大發財丁。葬出秀才。但坤上之砂天斜受尅、致蓄丁艱、變為損丁矣。

沈氏曰、此為丁秀之局。向得旺星財也。故穴比和丁也。穴為管星秀也。向方是五。有遠所來。地之力反悠久。至七赤。而七已入中亦不忌也。但坤方之所。地卦對天卦。以下對上。所被土剋。山上飛星四到巽。穴到乾。犯伏吟。皆主損丁。而向方是七五八。巽四上山。故一房齋損丁矣。

四十四

巽二一五	湖 丁向 離六六一	水 坤四八三
震三九四	中一二六	兌八四八
艮七五九	坎五七二 癸山	乾九三七

徐姓祖坟，癸山丁向，六運挨排下水山上，入向比和，此地坎龍三台落脈，未坤方有水流入離方，離方有湖，穴前不見湖面，其湖如鏡，

仲山曰，此坟四運葬不利。六運閑原向附葬。大發財源。並發科甲。四

運至而敗者。由退神管向也。六運至而發者。由進神管向也。按四運旺星八到向、巽木剋艮土、為退神、六運旺星到向、乾金生坎水、為進神、

沈氏曰、此地形巒甚美。四運排此向犯上山。故財氣不旺。六運附至旺星到向。向上有湖。且一六同宮。天玉經云。紫微同八武。秘旨云、驅車朝北闕。時聞丹詔頻來。按紫微、即天六、八武星即壬一、是即一六同宮、乾六為車馬、壬一為北闕、亦即一六同宮、所以財源旺且發科甲也。山上飛星六到向、為下水。然有一六之吉。雖有微疵亦不為害也。

四十五

辰向 巽九七六 外堂水	離四二二	坤二九四
震一八五 大水	中八六七	兌六四九
艮五二一 內堂水 大水去多坎	坎三一三 消水	乾七五八 戌山

鄭姓祖墳、戌山辰向、七運扦、旺星到山到向、山生入向尅出、此地龍從離方屈曲而來、由乾入首、內堂水從癸丑方來、外堂水辰巽巳甲卯方甚大、由艮出口、而消於坎方、

仲山曰、此小財丁之地。綿遠不敗。但子孫必有折足者尤發。主人

云、自明至今一向興盛。但代代出一跛子。所以俗呼為跳脚子坟也。
沈氏曰、此局旺山旺向。故主財丁綿遠不敗。向上運星是六。六到囚
時須一百八十年。故云綿遠。小財丁者。巒頭形局不大也。子孫出
跛足者。因艮方外去處如跛足。飛星到艮是三。三為震為足。加以形
肖之。故主足病無疑。其所以尤發者。因此方之外為泉所匯。
其流特大。而此跛下應之也。

四十六

水 巽 四一 六	午向 離 大八 二	水 坤 八大 四
震 九五 五	中 三二 七	一 四
水 艮 五九 二	坎 七三 七 子山	乾 三二 八 水

慈谿俞姓祖坟，子山午向，七運挨犯上山、山比和，向生出。此地平田，龍從子癸方來，乾坤艮巽四維之水皆有水光。

仲山曰：此坟挨後，不但家業蕭條，子孫且有餓死者。

沈氏曰、前有陸姓祖坟。於二運扦。坐朝與此相同。亦四維之方有水。惟水外有山。葬後出名儒致巨富。此坟因水外無山。遂致於窮乏餓死。其相去所以判此懸殊耳。彼係旺龍旺向。四方融合有情。此局乃是衰向。金為生氣入門。且向上運星是二。二為坤為腹。向星是六。六為乾、為首。頭腹皆失生氣。所以餓死。此與陸氏一宅不同斷也。

四十七

巽 四 一六（洞水）	離 八 六二（高山 丁山）	坤大 八四（低）
震 五 九五（水）	中 三 二七	兑 一 四九
艮 九 五一（水）	坎 七 七三（癸向）	乾 二 三八

王御史祖墳、丁山癸向、七運扦、兆下水、山生入向比和、此地離方有高山貼身出脈起墩、坤方低、巽方有洞水、流至震艮聚会消去、無朝案、

仲山曰、此坟扦後有財有貴。得六十年旺氣。出御史非此地也。

沈氏曰、此局山向兩盤七俱到向財自旺。八運向不通氣。而山上龍神下水。故不凶而反吉。九運艮有水。故仲山云得六十年旺氣也。但坐後有將峰。朝山有特案。八方又有秀拔之峰。故主富而不主貴。可知出御史者非此坟也。

四十八

辰山　巽 七九 六	山大峰嶂　離 二四 二	山　坤 九二 四
震 八一 五	中 六八 七	山　兑 四六 九
艮 三五 一	坎 一三 三	山　乾 五七 八　朝案 戌向

馬姓祖坟。辰山戌向、七運扦旺星到山到向。山魁入向生出。此地龍從卯乙轉巽入首。離方山涧大石岩嶢、至坤兑轉乾作朝案。案外亂竄不淨。穴前有水、

仲山曰、此坟壓戌。吉不抵凶。初年財氣順利。壬申年離兑傷丁。八運

財丁兩退。乙未年主有官訟。丁酉年亦然。

沈氏曰、初抨順利者。旺星到向。向上有水故也。然形巒岩峻吉不抵凶。且運甚短。壬申年太歲八白入中。九紫到向。山上之九移扵向上。故主損丁。況案外朝山斜去不淨。一交八運。向星入囚中。乙未年太歲三碧入中。七赤到窩。之方岩峻。故主訟。丁

某姓祖坟、辰山戌向、兼巽乾、挨上山下八運葬、
水、由生入向尅出、此地龍從辰巽方來、
辰巳方有高峰、戌乾方有大河、

四十九

坤 四六 五	兌 九二 一	乾 八一 九（大水）（戌向）
離 二四 三	中 七九 八	坎 三五 四
（山辰）巽 六八 七	震 五七 六	艮 一三 二

仲山曰、此局上山下水。且龍逢已死。五戌向、龍神受戕。主出大賊滅族。

沈氏曰、辰巽巳龍入首。八運龍運巳死矣。巽是木。八運之星到巽是七。乃金尅木。故云死龍也。八運立戌向。向星到辰是八。巽木又尅土。龍神受戕已極。辰為天罡。戌為地網。此方出大盜滅族無疑矣。向上是一。又有大水。故受一運。必出此大賊。至二三兩運即犯滅族之禍。若坐下無高山向上無大水。祗主候斷斬徒流之災。斷不致有滅族之禍也。

五十

巽 一 八八	離 六 三四	坤 八 一六
震 九 九七 卯山	中 二 七九	兌 四 五二 酉向 水來屈曲
艮 五 四三	坎 七 二五	乾 三 六一 遠峰

卯狀元祖坟，卯山酉向，九運扦，犯上山出比和，向魁入，此地由卯方高山尖峰頂落脈，縮細又聳起尖頂復落脈，生石鉗，之前生石墩，墩叢墩扦下降，數砂數層作內襯，乾峰遠出千餘里，堂氣寬大，內堂緊，兌方多十餘里屈曲來朝。

仲山曰、雖取乾峰發貴、向上之水、坐下之山、形局雖甚美、恐財丁不甚旺。此不得時之故也。

沈氏曰、有此美地、苟得運得元、定當大發。惜乎不得其時也。可見單講巒頭、不識理氣、吉地亦減福力。若中平之地、尚庸論乎。但取乾峰發貴者。乾方一六同宮、向巽到此又是三碧木、亦主功名。故四運內、即發鼎甲也。

五十一

巽 三六 八	離 八一 四（丁山）	坤 一八 六
震 二七 七	中 四五 九	兌 六三 二
艮 七二 三	坎 九九 五（大湖 癸向）	乾 五四 一

許姓祖坟、丁山癸向、九運葬、犯下水、山魁出向、比和、此地平洋龍、午龍入首、左有低田、右有河濱、前有大湖、在向上正照、

仲山曰、此坟向上湖水受劫、主損丁。

沈氏曰、前鄒姓祖坟、因旺星不到向。大減福力。此坟旺星到向、亦云劫丁

財共何也。蓋九運最難取裁。向上多所困處不美。向上太甚。大尤越盛。亦不宜也。況兌方三碧木生火。震方二七火比和。大會聚而朝向上火愈熾矣。九紫運往往雙到向。不能上山。大抵山上一盤取二黑八白龍入首。向上之所取田際溝渠。或狹河小港亦可。一白方不通氣。困處久住。一白方水大亦嫌水勢大。總之不宜大水太過近為是。如山勢甚大者。火星作主。或木星作主。則水大又相濟矣。

仲山宅斷 卷下

陽宅秘斷

無錫章仲山原著
錢塘沈竹礽詳註

陽宅斷訣共十六条。計自五運起。至七運止。有旺星到山到向共。有双到山或双到向共。有犯上山下水共。有犯反吟伏吟共。有得城门一吉共。有用替卦共。與陰宅斷訣在卦理上大致相同。仍每条附列一图。以資对照。

宅門 交水 巽 三 九 四	離 七 四 九	未向 水 坤 破屋 五 二 二	一
震 四 一 三	中 二 八 五	兌 九 六 七 水	
艮 八 五 丑山 八	坎 六 三 一	乾 一 七 六	

陶姓陽宅、丑山未向、五運造、旺星到山到向、山向均比和、此宅向上有水、有破屋、宅門開在巽方、門前是三叉水口、兌有水至巽方門前聚会消去、

仲山曰、此宅住久丁財兩旺。但至六七兩運必定常有病人。且見女鬼。

沈氏曰、此宅山之旺星到山故丁必旺。向之旺星到向而且有水故財尤旺。但所嫌者。向上有參差不齊之破屋。其形不美。故一失運。即多病人。且常見女鬼也。

二

巽（高樓）	離（午向）	坤
二一 四	六五 九	四三 二
震	**中**	**兌**（暗探峰）
三二 三	一九 五	八七 七
艮	**坎**（子山）	**乾**
七六 八	五四 一	九八 六

袁姓陽宅、子山午向兼癸丁、五運造、旺星到山到向、山星入向生入、此宅兌方有暗探頭峰、巽方有高樓、

仲山曰、此宅住後主出寡婦。中年之男子。多被魅死。七運見鬼。

八宮之有康。

沈氏曰、此宅巽方有高樓。而此方地卦二、天卦一。以坤土尅坎水。故主（尅）男丁而出寡婦。此從建築方位斷。而不從向上斷也。又兌方有暗探頭峰。而向上飛星七到兌。故七逢見鬼。而八逢消除。此又可見暗探（峰）亦主出鬼。不必拘定二黑為鬼也。

三

坤 四八 二	兌 九四 七	乾 八三 六
離 二六 九	中 七二 五	坎 三七 一
巽 六一 四	震 五九 三	艮 一五 八

壬山

江氏陽宅、壬山丙向兼亥巳、五運造、山向飛星均用替、故不用一九而用二七入中、山飛出向生入、

仲山曰、此宅住久必是寡婦當家。如夫人主家政。

沈氏曰、此宅運盤到山是一。一即壬。壬挨巨。到向是九。九即丙。丙挨破。故山向挨星不用一九。而用二七入中。此用替卦之法也。向上是二。二為寡宿之星。故主寡婦當家也。中宮運盤是五。山向兩盤是二七。既二五交加又二七同度。而七為少女。故主如夫人主家政也。

四

巽 八三 四	離 三七 九	坤 一五 二
乙向 震 九四 三	中 七二 五	辛山 兌 五九 七
艮 四八 八	坎 二六 一 路	乾 六一 六

某姓陽宅，辛山乙向兼戌辰，五運造，山氣替可录，向上飛星則用替，故不用七三，而用七二入中。山向均生入。

仲山曰、此宅氣已衰謝。任久見生女多而生男少。故坎方有路。主生女必聰明。生男必魯鈍。

沈氏曰、氣衰者。向上之星不得令也。氣衰既主生女。所應亦必在女。是以坎方之路本一六同宮。理宜發貴。但爲氣衰之故。其應已不在於男子。從此可以斷其生女必聰明。而生男必魯鈍也。

丁姓陽宅、子山午向兼癸丁、六運造、兆下水、山生入向北和、此宅向上有水有破屋、巽方牆外有坟、宅门在坤方门外再有破屋、

五

坟 巽 二一 五	水 破屋 午向 離 六六 一	破屋 门 坤 四八 三
震 三九 四	中 一二 六	兌 八四 八
艮 七五 九	坎 五七 二 山	乾 九三 七

仲山曰、此宅財丁並旺。左右兩边。各出一名書腐。

沈氏曰、此宅旺星到向。向上有水。故財旺。双六比和。故丁亦旺。向上逢
盤是一到。山向兩盤皆是六到。得一六同宮之妙。本主出貴。但有破
屋當前其形不美。故不能發。宅門在坤。坤方是四八。四為文昌而
被土壓。巽方是二一。一為魁星亦被土制。而坤門外有破屋。巽方
牆外有故墓。是以左右兩邊、各出一名書獃也。

巽 一二 五	離 六六 一（尖屋 午向）	坤 八四 三
震 九三 四	中 二一 六	兌 四八 八
艮 五七 九	坎 七五 二（子山）	乾 三九 七

夏姓陽宅、子山午向、六運造。犯下水、山星入向、比和、

此宅南方與鄰家密邇相接、鄰家之屋尖在

向前正面沖射。

仲山曰、此宅住久必是中子當家。而且屢被府政暗算。此因向上有

鄰家屋尖當面冲射。狀如旗竿故也。

沈氏曰、此宅向上之飛星一入中。一為中男。故當家者為中男子也。向上至有旺星到向。豈得一六同宮。但因被鄰家屋尖冲射。吉亦化凶。兩向星是六。六為官星。所以屢被毆打暗算也。

七

坤 八六 四

兌 四一 九

乾 三二 八 水光

向午

離 六八 二

中 二三 七

坎 七七 三 大河 子山

巽 一四 六

震 九五 五

艮 五九 一 水光

会稽住宅、子山午向兼壬丙、七運造、犯上山、山比和、向生出、此宅前面高地、后面乾坎艮三方皆有大河水光、屋后有大槐樹野水、成綠色。屋內頗陰暗。

仲山曰、此宅財丁兩旺。然屋內當有身穿綠衣之女鬼於申時出現。

沈氏曰、此宅双七到山后有大河。故財丁兩旺。但双七到坎。七為少女二里到乾。二為老母。九紫五黃同到艮。九為中女。五為廉貞。亦為五鬼。此方之所。陰神滿地。屋內陰暗適成鬼棲。水尅又是一片綠色。故主有綠衣女鬼。又坤為陰卦。申為陰時。是此鬼當於申時出現也。八運初。宅門改開未向。鬼怪始息。蓋未內得八白旺星。艮方變為二黑。五鬼已化。故無鬼也。是所謂一貴當權衆邪屏服矣。

高樓 坤 八六四	兌 四一九	乾 三二八 清水
午向 離 六八二	中 二三七	坎 七七三 子山 水
大門 巽 一四六	水 震 九五五	小門 艮 五九一 水

会稽辛宅，子山午向兼癸丁，七運造，犯上山，山比和，向生出，此宅震艮坎三方皆有水，從乾方而去，乾方之砂形如繞足，坤方有高樓，巽方開大門，艮方亦開一小門，通出宅外，門前有屋壟，宅內分左右兩家，左一家在震方作灶，

仲山曰，此宅初年財丁兩旺。至八運財耗大退。且官訟不休。左一家不但家[illegible]有[illegible]休。[illegible]火[illegible]女。[illegible]不睦。右一家財[illegible]。[illegible]

欠吉。丟蔡秀士亦出跳了。

氏曰、此宅双七到山、而向坐有水。故財丁兩旺。坤方是八。不但無氣且

[illegible]高樓鎮塞。故一交八運財當大退。又山上飛星六到坤。六為官星。

故主官訟不休。此宅兩家同住。而分斷者。即書所謂一到分房宅、

是移一門換作兩門推是也。左一家居一五之方。原是衰方。八運

二一方。又[illegible]亦乘。又目艮方九五同宮。而此方之小門被鄰家

屋北遮塞。九為離為目。五為土。目中有土。故主瞽目。書所謂離位推殘而目瞎是也。九為中女。故瞽目之人必是女也。而且作灶於震方。震是九。杜門向午。午方是六。九為火。六為天。故主父子不睦。即所謂火燒天而張牙相鬬。家生罵父之兒是也。右一家所住之宅。地盤南旺。故八逢巽係上山。而財仍較為平穩。又因兌方一四同宮。巽方大門亦一四同宮。故能發秀。然既失運。有盈必虧。屋

限形如繞足之砂。在於乾位。而乾是三。三為震為足。形又肖之。鼎

主出繞足之人也。

巽 四八 六	宅门直路 離 九四 二	坤 二六 四
甲山 震 三七 五	中 五九 七	兌 七二 九 庚向
艮 八三 一	坎 一五 三	乾 六一 八

胡姓陽宅、甲山庚向、七運造、犯上山下水、山尅入、向生入、此宅大门在離方、丁方有一条直路、直達门前、

偶[illegible]、此宅[illegible]婦不[illegible]。[illegible]。[illegible]姑[illegible]。

沈氏曰、此宅山上飛星三到山。七到向。犯伏吟。向上飛星七到山。犯反吟。

愚以仲山云百年一吉也。住此常聞勃豁之声。其因離方直路冲門。

是二四同宮。書云、風行地而硬直難當。室有欺姑之婦。所以常見

婦息不睦也。但山之飛星九到離。火能生土。故老姑雖受欺。亦無

大碍也。

唐姓陽宅、申山寅向兼坤艮、七運造、坎下水、山生出、向比和、此宅巽方有一高樓、屋角正向宅內冲射、

十

巽 三二 六	離 八六 二	坤 一四 四
震 二三 五	中 四一 七	兌 九八 九
艮 七七 一 寅向	坎 九五 三	乾 五九 八

仲山曰、此宅財氣頗佳。但住久必有一老寡婦因爭田而涉訟。且有一少女與外人私通。

沈氏曰、此宅財星頗佳。其旺星到向。而向上開通故也。主出老寡婦置
田因訟爭。巽方之高樓二六同宮。二為寡宿。又為田土之庭。而六為官
星故也。主有少女私戀男子者。向上雙七與一同宮。七為少女。一為中
男故也。

錢莊陽宅壬山丙向兼癸丁、七運造、犯上山、山比和、向上出、此宅在巽方開大門、門前有闊大之直路、從午方通達門外、

七

巽（大門）一四六	離（午向）六八二	坤 八六四
震 九五五	中 二三七	兌 四一九
艮 五九一	坎 七七三（壬山）	乾 三二八

仲山曰、此宅向上旺星上山。坐後無氣不吉。有貴氣而不能發。且

主人不利。[illegible]

沈氏曰、宅門開巽方。得一四同宮。應主科甲。但因路逕直沖。如水衆流之聚。且向星上山。坐後氣多。故云有貴氣而不能發也。向上路逕午方直達門前。狀如水動。門方是四。四爲長女。且如水性。故主女貪淫。又向上是六。此路引之以入於四一之門。而巽方六爲僧。故主淫婦勾引和尚入室也。然必因大門前見有把肩砂石始有

扇 十二

坤 六八 四	兌 一四 九	乾 二三 八
離 八六 二	中 三二 七	坎 七七 三 河 子山
巽 四一 六	震 五九 五 路	艮 九五 一 路

許姓陽宅、子山午向、兼癸丁、七運造、龍上山、山比和向生出、此宅坐後有河、門開巽方、路從艮震至巽、直達於門前、

仲山曰、此宅丁財兩旺。且發科甲名。且主孟仲兩人均案首入泮。但不免有瞽目之人。

沈氏曰、財丁兩旺者。双七到山。而坐後有河故也。巽門一四同宮。故發科名。且向是六。巽方逢盤亦是六。六與四合十。又一四同宮。六為首。一為魁。四為文昌。故主案首。又巽為長。坎為中。故主在孟仲兩人。但進退之艮震兩方。皆犯九五同宮。故有瞽目三人也。

錢姓陳陽宅、亥山巳向、八運造、旺星到山到向、山生出、向尅入、此宅後有窯三座、在戌乾亥三方、巳方建照牆、寅方開大門、門前有大湖放光、又有路直沖門前、

十三

乾 六八 九 窯 亥山	坎 二四 四	艮 四六 二 大湖 大门
兌 五七 一	中 七九 八	震 九二 六
坤 一三 五	離 三五 三	巽 八一 七 巳向 照牆

仲山曰、此宅住久家主必吐血而亡。次子必病後声啞。並主姑媳不和而

渊訟

沈氏曰、此宅乾方六九同宮犯大煞金。又有三宮。大先吐鉄。壽色赤。乾為父。又家主吐血而亡。寅门二四同宮。巽為風為声。土塞声土。故主失音。艮少男。故亞次子。又二為牀。四為媳。山龍之六到艮。六為官為刃。西门前上元冲來。又有大湖殺売。故主姑媳不睦。致涉訟事。二局宅门向丑。旺星到门。可免諸患。蓋一吉即当百剎也。

巽 二五 七	離 一六 三	[illegible] 五
震 三四 六 卯向	中 一六 八	兌 八八 一 酉山
艮 九七 二	坎 一五 四	乾 七九 九

東溪周宅、酉山卯向兼辛乙、八運造、犯上山、向山皆比和、此宅辛方有井、常有書居于道、光乙未丙申兩年、老師打死兩學生、均頭部受傷而死、

人山白、此宅向上旺星上山。本主不吉。而中宮之土被洩。向上之金被剋。乙未五黃到井。火煞無情。丙申年四綠到井。剋戊五見。故主迭出此禍。

沈氏曰、向星六入中，八白之星為所閉。故曰中宮主神佛。而中宮之一六八、同宮。一為血，六為首。八為少男。其象為少男頭上有血。又向星四到向。六白之星為所剋（尅）。故曰向金受尅。而向上三四六同宮。三為木。四亦為木。又為教令。六為首。其象為首上加木。辛方之井是雙八。蓮盤是一赤屍少男。與血之類。八蓮乙未年。三碧入中。中宮又見首上加木。五黃到井，五為五送。書云、五黃到處不留情。一白到向。向方又見頭上有血。

其年二月四綠入中。中宮頭上重加木也。六白到井。井方頭上見血也。二黑到向。太歲臨向也。運盤局既不吉。年月之煞復逢其會。而六為師長八為少男。此宅又為書房。其子因宜在師處。故第一次之禍發矣。且可見被害共必有牛。以丑未沖故也。丙申年六月黑入中。太歲臨中宮。四綠到井。木尅土也。九紫到向。離色赤似血。亦頭上見血之類也。

原鈔本缺此頁

六同宮。乾方本年六到。而地盤是六。皆所謂腎水傳乾九皆陰神。故殃在婦人。又乾位是六白金。金重不能懸起。故生吊死。乾方九一同宮。離色紅。而卦中虛。落於坎位。坎色黑。而卦中滿。坎補離。故身穿紅衣身黑背心也。但若六在上。而四在下。則必懸樑

十六

乾一五九　兌九六一　卯五一五

坎六九四　中二四八　离七八三

艮八七二　震四二六　巽三三七

癸山

寧波府基、癸山丁向兼丑未、八運造、向未是用替、故以四二入中、山魁出向生出、該府基於八運修造戊、不久即被海盗陷西門而入、併大戮掠、又被洋人攻陷、大肆蹂躪、慘

山曰、府基兼未。本用變卦。八運修改。向星失令。八方皆犯